COMMUNITY LIBRARY

3 23⊙1 0⊙⊘⊘⊘⊘1 8

BILINGUAL
ENGLISH
SPANISH

Poemas solares

Solar Poems

D1555220

Poemas solares
Solar Poems

Homero Aridjis

Translated by George McWhirter

City Lights Books • San Francisco

Copyright © 2010 by Homero Aridjis
Translations copyright © 2010 by George McWhirter
All rights reserved

This collection was first published as *Los poemas solares* by
Fondo de Cultura Económica, 2005.

Library of Congress Cataloging-in-Publication Data

Aridjis, Homero.
 [Poemas solares. English & Spanish]
 Solar poems / Homero Aridjis ; translated [from the Spanish]
by George McWhirter.
   p. cm.
English and Spanish.
ISBN 978-0-87286-504-4
I. McWhirter, George. II. Title.

PQ7297.A8365P5913 2010
861′.64--dc22

                          2009032488

Visit our website: www.citylights.com
City Lights Books are published at the City Lights Bookstore,
261 Columbus Avenue, San Francisco, CA 94133

to Betty, Chloe, and Eva Sophia

Índice

Contents

LOS POEMAS DE LA LUZ

EL ÁNGEL DE LOS MISTERIOS COTIDIANOS

THE POEMS OF LIGHT

THE ANGEL OF EVERYDAY MYSTERIES

LA ARAÑA HAMBRIENTA DEL AMOR PROFUNDO

THE HUNGERING SPIDER OF DEEP LOVE

Los poemas solares

The Solar Poems

Poema al sol

Oh, girasol vidente,
Oh, semilla amarilla,
tu nombre cabe en una sílaba, dijo el poeta

Oh, padre de las mitologías,
el sueño de la luz produce formas,
dijo el pintor

Si el ojo no fuera solar,
¿cómo podría ver la luz?
dijo el poeta

Si la luz no fuera maestra del color,
¿cómo podría pintar sus ojos?
dijo el pintor

En la gran pirámide de Giza el Sol se levanta cada
    día,
en el Oriente de tus ojos la noche se pone cada
    mañana,
dijo el poeta

El Sol no se pone en el horizonte,
el Sol no conoce la noche,
el que oscurece es el ojo, dijo el pintor

Poem to the sun

Oh, sunflower seer,
oh, yellow seed,
your name fits in a single syllable, said the poet

Oh, father of mythologies,
the dream of light produces shapes,
said the painter

If the eye were not solar,
how would it be able to see the light,
said the poet

If the light were not a master of color,
how would it be able to paint her eyes,
said the painter

The Sun rises on the Great Pyramid of Giza every
    day,
night sets in the Orient of your eyes every morning,
said the poet

The Sun doesn't set on the horizon,
the Sun knows no night,
what darkens is the eye, said the painter

No necesito ir a ver las glorias del Sol
en los campos de la tarde, porque el Sol
de las mitologías es el ojo, dijo el poeta

El poema del Sol es infinito:
sólo podemos pintarlo con palabras,
dijo el pintor

Cuando el Sol habla,
todas las criaturas callan,
dijo el poeta

El sol es un Ser,
el Sol es luz presente,
dijo el pintor

La sonrisa infinita de la luz
es un verso que es un poema
que es un universo,

el ojo pensante es un ojo riente,
al ojo que nos piensa lo pintamos
con sus propios rayos, dijo el poeta

El Sol no tiene historia,
el Sol vive en la eternidad del momento,
dijo el pintor

I don't need to go into afternoon fields
to see the glories of the Sun for the Sun
of mythologies is the eye, said the poet

The Sun's poem is infinite,
we can only paint it in words,
said the painter

Whenever the Sun speaks,
every creature goes quiet,
said the poet

The Sun is a Being,
the Sun is light present,
said the painter

Light's infinite smile
is a verse that is a poem
that is a universe,

the thinking eye is a laughing eye,
the eye that thinks us we paint
with its own rays, said the poet

The Sun has no history,
the Sun lives in the eternity of the moment,
said the painter

El Sol cara rayada es un jaguar
que recorre el cielo nocturno devorando sombras,
devorando instantes, dijo el poeta

Sol pasado, Sol deificado,
Sol de la mente, Sol demente,
dijo el pintor

La historia de la luz
es una arqueología de los ojos,
dijo el poeta

La luz inteligente viene del Sol
con la temperatura exacta para pintar tus manos,
dijo el pintor

Una figura que proyecta sombra, una silueta
insustancial que te sigue por la calle, eso soy yo,
dijo el poeta

Qué es una sombra:
un esplendor en la espalda
y una mancha en el suelo, dijo el pintor

The stripe-faced Sun is a jaguar
running through the night sky devouring shadows,
devouring instants, said the poet

The Sun erstwhile. A deified Sun.
The Sun in the mind. A demented Sun,
said the painter

Light's history
is an archaeology of eyes,
said the poet

Intelligent light comes from the Sun
at the right temperature to paint your hands,
said the painter

The figure projecting shadow, the insubstantial
silhouette following you down the street, that's me,
said the poet

What is a shadow,
a splendor on one's back
and a blot on the ground, said the painter

El Sol es la forma de su amor,
el hombre lleva en los ojos la forma de ese amor,
al final de su vida, el hombre será el espectro de ese
    amor

Al final del día, entre las sombras largas de la tarde,
el hombre extrañará su pasado esplendor,
dijo el pintor

Dios no existe, dijo un tercero,
Dios vive en tu cabeza,
si no piensas en Él, morirá fuera de tu mente

Si Dios no existe, ¿quién existe?
¿Tu sombra?, ¿tu espectro?, ¿tu olvido?,
replicó el pintor

Dios no existe,
existe un enorme vacío,
dijo el tercero

Si existe un enorme vacío,
existe ya algo,
dijo el poeta

The Sun is the shape of its love,
man bears in his eyes the shape of that love,
at life's end man will be the specter of that love

At the end of the day, amid the long evening
    shadows,
man will miss his past splendor,
said the painter

God doesn't exist, said a third party,
God lives inside your head.
If you don't think of Him, He dies, out of mind

If God doesn't exist, who does?
Your shadow? your ghost? your un-memory?
replied the painter

God doesn't exist,
a gigantic vacuum exists,
said the third party

If a gigantic vacuum exists,
something does exist then,
said the poet

Ésas son
puras palabras,
dijo el tercero

Si Dios no existiera,
tus palabras no existirían,
dijo el poeta

Antes del alba, mis ojos
ya se habían figurado las criaturas que estás viendo
en este momento bajo el Sol, dijo el pintor

Todo comenzó con una imagen,
todo comenzó con la palabra luz,
dijo el poeta

Cuando los perros ladran a la Luna
en realidad están ladrando al Sol,
dijo el pintor

En nuestra mente cabe el universo en expansión,
en nuestra mente en expansión caben todos los
    astros:
nuestra mente es un verso hacia el universo, dijo el
    poeta

Those are
nothing but words,
said the third party

If God didn't exist,
neither would your words,
said the poet

Before dawn, my eyes
had already devised the creatures you see
at this moment under the Sun, said the painter

Everything began with an image,
everything began with the word light,
said the poet

When dogs bark at the Moon,
they're actually barking at the Sun,
said the painter

The expanding universe fits into our minds,
into our expanding minds fit all the stars,
our mind is a verse towards the universe, said the
    poet

Me di cuenta de mi propia vejez
cuando vi el primer pelo blanco en la cabeza de mi
    hija,
dijo el pintor

Deber de hombre,
no estar triste bajo la luz,
dijo el poeta

La enciclopedia del Sol es mi libro de cabecera.
La enciclopedia del Sol es un ojo que brilla
a través de las tapas cerradas, dijo el pintor

En los rincones de mi biblioteca,
oculto entre miles de palabras,
el poema del Sol está brillando, dijo el poeta

Es curioso que nunca antes
haya dibujado figuras más deslumbrantes
con los rayos de luz tenue, dijo el pintor

¿No es curioso que el poema del Sol
llegue de noche y con los ojos cerrados?,
dijo el poeta

I was struck by my own old age
the moment I saw the first gray hair on my
    daughter's head,
said the painter

Man's task:
to not be sad under the light,
said the poet

The encyclopedia of the Sun is my bedside book.
The Sun's encyclopedia is an eye blazing
through the closed covers, said the painter

In the corners of my library,
hidden amid thousands of words,
shines the poem of the Sun, said the poet

It's odd I should never before
have drawn such dazzling figures
with rays of faint light, said the painter

Isn't it odd that the poem of the Sun
arrives with the eyes closed and at night?
said the poet

El carácter volátil de las criaturas humanas,
la condición entregada de las cosas del mundo,
se las debemos al Sol, dijo el pintor

De tanto verlo, mis ojos se han vuelto solares,
de tanto nombrarlo mis palabras fulguran,
dijo el poeta

De tanto pintar sus ojos me he quedado ciego,
sus imágenes queman mis dedos,
dijo el pintor

La pintura del Sol
la acabarán los otros,
dijo el poeta

El poema del Sol
comenzó hace mucho tiempo,
dijo el pintor

Oh, sílaba amarilla,
oh, girasol vidente,
dijo el poeta

Medianoche domingo–lunes
23–24 de febrero de 2003

The volatile nature of human beings,
the giving nature of things in this world
we owe to the Sun, said the painter

From seeing it so much my eyes have grown solar,
from so much naming of it my words glow,
said the poet

From painting its eyes so much I have been rendered
    blind,
its images sear my fingers,
said the painter

The Sun's portrait,
others will put the finish to,
said the poet

The poem of the Sun
began a long time ago,
said the poet

Oh, sunflower seer,
oh, yellow syllable,
said the poet

Midnight, Sunday–Monday,
February 23–24, 2003.

Variaciones sobre un tema solar

1

El sol, un ojo.
Si no un ojo pensante, un ojo de fuego.
Nadie se ha atrevido a llamarlo
un ojo vivo, una conciencia.

2

El ojo total do lo finito estuvo aquí desde el
    principio.
El ojo de los pensamientos amarillos
despertó a los grises y a los verdes.
El ojo radiante de los amaneceres
acabó por ponerse en el instante.
El ojo alado de las mitologías
está cantando en medio de la plaza.

3

La escalera de luz por la que subo
es la misma por la que ahora bajo

Variations on a solar theme

1

The Sun, an eye.
If not a thinking eye, an igneous eye.
No one has gone so far as to call it
a living eye, a consciousness.

2

The total eye of the finite was here from the
      beginning.
The eye of yellow thoughts
awakened the grays and greens.
The radiant eye of the daybreaks
wound up set into the instant.
The mythologies' wingèd eye,
humming in the middle of the town square.

3

The ladder of light I go up
is the same one I come down now.

La luz blanca que nos está lloviendo
viene del Sol que se ha metido

Aun a oscuras yo te estoy mirando,
aun a ciegas te recibo con las palmas abiertas

Oh semilla amarilla
Oh aire vestido de luz blanca

4

¿Qué dios ebrio de luz
ideó este esplendor amarillo
en los confines del universo?

¿Qué ojo loco se quedó abierto
contemplando esta gloria
en los límites de sí mismo?

5

En el silencio alucinado
un ojo cobró forma y nada
En alguna parte de tu cabeza
el sueño de la luz ha comenzado

The white light raining down on us
comes from the Sun that has set.

Even in the dark I am staring at you,
even blindly I take you in with open palms.

Oh, yellow seed,
Oh air wearing white light

4

Which god besotted with light
thought up this yellow splendor
within the confines of the universe?

What mad eye stayed open
poring over this glory
within the limits of itself?

5

In the hallucinatory silence,
an eye gained a shape and a nothing.
In some part of your head
light's dream has begun.

6

Oigo el cascabeleo de unas llaves
abriendo las puertas de la luz
y yo bañado de sol
todo lo que veo es sombras

7

Después de tantos días
de lluvia apareció el Sol
flotando en el firmamento
y debajo de una nube oscura
sus dedos dorados
alumbraron la Tierra

8

¿Sueña el ojo solar con la Tierra
que abrasa todo con sus sentidos
o nosotros soñamos que el ojo
que nos abrasa nos está soñando?

6

I hear the jingle of keys
opening the doors to the light,
and bathed in sun,
everything I behold is shadow

7

After so many rainy
days the Sun appeared
floating in the firmament,
and under a dark cloud
its golden fingers
shed light on the Earth

8

Does the solar eye dream of the Earth
sear everything with its senses
or do we dream the eye that sears us
dreams us?

¿Estamos adentro del ojo vivo
que nos piensa y nos mira
o somos—como él—imágenes fugitivas
en la cabeza de un dios desconocido?

Are we inside the living eye
that thinks us and watches over us
or are we—as *it* is—passing images
in the head of a god unknown?

Imágenes solares

1

El Sol es un ojo
rodeado de sombra

2

La canción del Sol
está hecha de luz
    luz
        luz
            luz

3

Tiempo diferido.
El futuro estaba aquí
antes de que nosotros
fuésemos olvido

Solar images

1

The Sun is an eye
surrounded by shadow

2

The Sun's song
is made of light
     light
         light
             light

3

Time deferred.
The future was here
before we turned into
forgetting

4

Allí estaba ella desnuda,
con su corona blanca
y su rostro resplandeciente.
Virgen de los ojos encendidos,
nadie estaba aquí para apreciarte,
nadie estaba aquí para decirte:
"Eres bella"

5

Sol,
oh, sílaba amarilla.

4

There she was, naked,
with her crown of white,
her face glowing.
Virgin of the ardent eyes
no one here to appreciate you
no one here to tell you
"You are beautiful"

5

Sun,
O yellow syllable.

Momentos solares

1

Ningún artista puede llenar
de color ese muro blanco
como el maestro Sol
a las tres de la tarde

2

¿No es extraño que cuando una nube
está tapando al sol de las tres de la tarde
el fulgor de tus ojos en los míos
es más intenso que la piel del mango?

¿No es extraño que el dios
de las ocurrencias cotidianas
haya pintado los campos
de morado, amarillo y blanco?

¿No es extraño que aún tapado
el Sol enfebrecido de amor
te pinte de rojo
el largo pelo blanco?

Solar moments

1

No artist can cover
that white wall with color
at three in the afternoon
like Maestro Sun

2

Isn't it odd, even when a cloud
blocks out the Sun at 3 in the afternoon
the glow of your eyes in mine
is more intense than mango skin?

Isn't it odd that the god
of everyday occurrences
should have painted the fields
mauve, yellow and white?

Isn't it odd that even blocked out
the Sun in a fever of love
paints your long white hair
red?

3 Vermeer

Esa sensación de eternidad
en las cosas y en los cuerpos

esa nostalgia sin nombre
del momento fuera del tiempo

esa melancolía
en la memoria del ojo

4

Ella no daba nada por dado ni desocupado,
cuando veía un banco vacío, decía:

"El sol se sienta allí"

5 No yo

No yo el que levantó
la pirámide del Sol

3 *Vermeer*

This feeling of eternity
in bodies and things

This nameless longing
in the moment outside time

that melancholy
in the eye's memory

4

Whenever she saw a bench empty, she didn't
take it as a given or not taken, she'd say:

"That's where the sun sits."

5 *Not me*

Not me, he who raised
the Pyramid of the Sun

no yo el que convirtió
el rayo de luz en cuerpo

No yo ese ojo vago
en la Calzada de los Muertos

Not me, he who turned
a beam of light into a body

Not me, that bleary eye
on the Causeway of the Dead.

El jaguar

Tepeyollotli, el corazón del monte

1

Aquel que era la imagen de la lluvia
ya no hace caminos en la selva,
los discos de oro de sus ojos
ya no rutilan.

Bajo el sol de la mañana
no se le ve recorrer en un tronco
el Río de los Monos.
Su piel solar es un tapete.

El corazón del monte ya no lleva
manchas negras y blancas en su pecho,
ni de sus fauces ígneas sale la vírgula
de la palabra que nombraba las cosas.

Su grito mudo
retumba
en mi extinción.

The jaguar

Tepeyollotli, heart of the mountain

1

That one who was the image of rain,
no longer leaves trails through the jungle,
the gold discs of his eyes
no longer blink brightly.

He isn't to be seen
in the morning sun floating on a log
down the Sacred Monkey River.
His solar pelt is a rug.

The heart of the mountain no longer wears
black and white markings on its chest
nor does the volute, cloud of speech that names
    things,
scroll from his molten jaws.

His mute cry
booms out
my extinction.

2

Triste jaguar de las mitologías,
que al devorar al Sol se devoró a sí mismo,
que al convertirse en Tierra devoradora
devoró su sombra en el cielo nocturno.

Dios huérfano del Inframundo,
que al seguir los senderos del hombre
fue engañado por sus máscaras
y cayó en sus trampas.

Pobre jaguar de los esplendores,
en su piel llevó la muerte.

3

Antes de la palabra
cuando en las entrañas de la noche
aún no había ave
ni árbol
ni pez
ni río
ni sol
en el cielo nocturno
maullaba
el jaguar.

2

Sad jaguar of the mythologies
who on devouring the sun devoured himself,
who on turning into the devouring Earth
devoured his own shadow in the night sky.

Orphan god of the Underworld
who, on following in the tracks of man,
was tricked by his masks
and fell into his snares.

Poor jaguar of the resplendent,
in his skin he carried death.

3

Before words
when, in the bowels of the night,
there was neither fowl
nor tree
nor fish
nor river
nor sun
in the night sky
the jaguar
meowed.

4

El jaguar que se fue
viene en camino

el jaguar que volvió
todavía no llega

el jaguar de los dos
dentro de ti
desde fuera me mira.

5

Nuestros cuerpos
dos jaguares solares
enfrentados en la noche
acabarán desgarrados
en el alba total.

4

The jaguar that went away
is on its way

the jaguar that came back
still hasn't come

the jaguar of we two
within you
watches me from outside

5

Our bodies
two solar jaguars
faced off in the night
end clawed up
in the total dawn.

La cacería del jaguar rojo

A Cloe y Eva Sofía

Seguimos al jaguar toda la noche.
A ratos se detenía para observarnos.
Con sus ojos de sol ebrio. Elusivo.
Cuando nos acercábamos había escapado.

Íbamos detrás de él como detrás de un mito.
Todos los animales habían muerto.
Los que no habían muerto estaban enjaulados.
Sólo nos faltaba el jaguar rojo.

Salimos en su persecución al caer la noche.
Le aluzamos la cara en la espesura.
Depredador depredado, lo reconocimos
por las manchas negras en su piel solar.

Nosotros quemábamos copal.
Poníamos trampas a su paso.
Con máscara de felino
danzábamos su danza.

Conjurábamos a las serpientes
del mito y de la historia,

The hunt for the red jaguar

To Chloe and Eva Sophia

We tracked the jaguar all night.
Now and then, he paused to observe us
with the eyes of a drunken sun. Elusive.
When we closed in, he was gone.

We went after him as in pursuit of a myth.
All the animals had died,
those not dead had been caged.
We were only missing the red jaguar.

We set out in pursuit of him at nightfall.
We lit up his face in the fastness.
The preyed-upon predator, we identified him
by the black spots on his solar coat.

Us, we burned copal,
set traps in his path.
We danced his dance
in feline face-masks.

We summoned serpents
out of myth and history,

las que vierten por sus fauces
fantasmas en la tierra de los vivos.

Sus ojos amarillo ámbar
no dejaban de mirar
a través de los arbustos
nuestros ojos ebrios de codicia.

Delirábamos en voz alta.
Teníamos proyectos en las manos:
"Construir un hotel aquí, una carretera allá,
un campo de golf, una discoteca".

Andando sobre los *k'an che*,
las piedras que hablan de noche,
oíamos los gruñidos, los rugidos
de su voz profunda.

En el camino del machete
los perros blancos le ladraban
desde abajo del árbol seco,
en que se había encaramado.

Fuimos tras él hasta la Cueva.
En su laberinto de entradas y salidas,
se nos perdió. Nadador de la nada,
por el río subterráneo iba en un tronco.

those who pour phantoms from their maws
into the land of the living.

His amber yellow eyes
never stopped staring
through the bushes at
our eyes besotted with greed.

We raved out loud,
we had projects on hand,
a hotel to be built here, a golf course there,
a road, a discotheque.

Walking on the *k'an che*,
those stones that talk in the night,
we heard his deep-voiced
growls, the roars.

Along the macheted trail
the white dogs barked at him
under the dried-up tree
where he was perched

We went after him as far as the Cave.
In its labyrinth of entrances and exits
he lost us. Navigator of the nothing,
down the underground river he sailed on a log.

Lo perseguimos por el bosque y la sabana,
por la montaña y el manglar. El alma viajaba
por la Vía Láctea. De las fauces de la Serpiente
Emplumada colgaba Venus como una perla.

A sus dioses ancestrales en la sabana llamó
chillando por la muerte de la Selva,
de los Animales y los Árboles
en la Era de la Extinción.

Amarillo de luz no estaba lejos
el antiguo Árbol del Mundo.
Con su collar de jades y de espejos,
estaba la Serpiente concebida en el Mar.

En el lugar del Sueño Negro
sonaba el sarcófago abierto,
del que emergen los espíritus
hablando como tú y yo.

"Va a bajar por aquí, la sombra salta
hacia nosotros", dijo un cazador.
Pero no bajó, porque el dios Jaguar regresaba
a su trono de piedra negra en Chichén Itzá.

We hunted him through woodland and savannah,
through mangrove and mountain. His soul
traveled through the Milky Way. From the fangs
of the Plumed Serpent, Venus hung like a pearl.

He called upon his ancestral gods in the savannah,
howling at the death of the Jungle,
the Animals and Trees
in the Era of Extinction.

Yellow with light the old Tree
of the World was not far off.
With its necklace of mirrors and jade
was the Serpent conceived in the sea.

At the site of the Black Dream
the opened sarcophagus clanged,
out of it spirits emerge
talking like you and I.

"He's going to come down here, the shadow
is leaping at us," said the hunter.
But he did not come down, for the Jaguar god
went home to his throne of black stone in Chichén
    Itzá.

Allá, mientras devoraba a su presa,
lo apresamos. Lo trasladamos a un zoológico.
Hacia nosotros venían ríos de coches
por todas las vertientes del ruido.

El provocador de los eclipses,
el señor de la noche estrellada,
el dios Jaguar, ahora
está encerrada en una jaula.

There, while gorging on his prey,
we took him. We transferred him to a zoo.
Along all the spillways of noise
streams of cars tore down on us

The provoker of eclipses,
Lord of the Starry Night,
the Jaguar god, now
clapped into a cage.

Yo te saludo, viejo Sol

(Homenaje al Comte de Lautréamont)
A Cloe

1

Yo te saludo, viejo Sol,
cuando apareces en el centro del cielo
como una yema estrellada
rodeado de nubes insidiosas.

Yo te saludo, Sol de la ciudad poluta,
cuando todo el mundo pasa
maldiciendo el calor,
sin mirarte siquiera.

Yo te saludo, Sol de las paredes frías
y los cuartos abandonados,
que nadie mira ni habita.

Yo te saludo, ojo único
    pupila blanca
    de la noche total.

Old Sun I salute you

(In homage to the Comte de Lautréamont)
To Chloe

1

Old sun, I salute you
when you appear in the center of the sky
like a yolk sunny-side-up
surrounded by white insidious cloud.

I salute you, Sun of the polluted city,
when everyone passes
cursing the heat,
not even giving you a glance.

I salute you, Sun of the cold walls
and deserted rooms
where nobody lives nor looks in.

I salute you, unique eye,
    white pupil
      of night overall.

2

Yo te saludo, viejo Sol de la cara jovial,
siempre diferente y semejante a ti mismo,
gran solitario, hermoso en tu reino azul.

Yo te saludo, Sol de los rayos vitales,
tú que vas por este cielo antiguo
con proporción musical.

Yo te saludo, Sol de las mañanas heladas,
asomado sobre los edificios horribles
como una yema anémica.

Yo te saludo, Sol de las tardes sangrientas,
cuando tus rayos tamborean en las paredes
de los templos el tan, tan de la muerte

Yo te saludo, Sol de los misterios lúdicos,
cuando tus pensamientos danzan en los picos
de las montañas como jaguares de oro.

Yo te saludo, Sol de los invidentes,
cuando bajas por las manos negras
que tocan en la calle instrumentos de cuerda.

2

I salute you, old Sun of the jovial face,
forever different and similar to yourself,
grand solitary, handsome in your blue kingdom.

I salute you, Sun of the vital rays,
you who move with a musical measure
through this ancient sky.

I salute you, Sun of the icy mornings
brimming like an anemic yolk
over the horrible buildings.

I salute you, Sun of the bloody afternoons
when your beams beat death's tom-
toms on the temple walls

I salute you, Sun of the playful mysteries
when your thoughts prance like golden
jaguars on the mountain peaks.

I salute you, Sun of the blind
when you descend along black hands
playing stringed instruments in the street.

Yo te saludo, Sol de los labios morados
y las heridas que nunca se cierran,
cuando te posas en los cuerpos muertos.

Yo te saludo, Sol de los eclipses totales,
cuando rodeado de oscuridad
nos miras por dentro y por fuera.

Yo te saludo, viejo Ser,
   Ojo Único,
   Pupila blanca
   de mi noche total.

I salute you, Sun of the bruised lips
and wounds that never close,
as you alight on the bodies of the dead.

I salute you, Sun of the total eclipses,
when, encircled by the dark,
you see us, inside and out.

Old Being, I salute you,
   Unique Eye
   white Pupil
   of my night overall.

Los poemas soñados

The Dreamed Poems

Encuentro con mi padre
en la huerta

Pasado el mediodía. Pasado el cine,
con sus altos muros pesarosos
a punto de venirse abajo, entro a la huerta.
Terminada la función, todos se han ido:
los peones, los perros y las puertas.
Delante de una higuera mi padre está parado.
Mi madre ha muerto. Los hijos han envejecido.
Él está solo, hilillos de aire
atraviesan sus ropas harapientas.
Por miedo a acercarme y asustarlo
con mi presencia viva, quiero pasar de largo.
Él pregunta al extraño, ahora con pelo blanco:
"¿Quién anda allí?"
"Padre, soy tu hijo."
"¿Sabe tu madre que has regresado? ¿Vas a quedarte
    a comer?"
"Padre, desde hace años tu esposa descansa
junto a ti en el cementerio del pueblo."
Entonces, como si adivinara todo,
él me llama por mi nombre de niño
y me da un higo.
Así nos encontramos los vivos y los muertos.
Luego, cada quien siguió su camino.

Meeting with my father
in the orchard

Past noon. Past the cinema
with the tall sorrowful walls
on the point of coming down, I enter the orchard.
Show over, all of them have gone:
day laborers, dogs and doors.
My father is standing in front of a fig tree.
My mother has died. The children, grown old.
He's alone, small threads of air
weave in and out of his tattered clothes.
For fear of getting too close and startling him
with my living presence, I want to go straight by,
the stranger now with white hair whom he asks,
"Who's that there?"
"Father it's me, your son."
"Does your mother know you're back? Will you stay
        and eat?"
"Father, for years now your wife has lain at rest
by your side in the town graveyard."
Then, as if he has divined everything,
he calls me by my childhood name
and gives me a fig.
So we met up, the living and the dead.
Then, each went on his way.

Encuentro con mi madre
en la cocina vieja

Después de tanto atravesar los sueños
y abrazar sombras de muertos propios y ajenos,
me encontré con mi madre en la cocina vieja.
Desde el día en que murió la había visto en sueños,
pero esta vez el sueño tenía urgencia
de convertirse en vida cotidiana.
Parada a la puerta, con su delantal raído,
ella me indicó el lugar donde estaba enterrado el
      tesoro,
que tanto buscó en vida, sin encontrarlo.
Pero en el momento en que ella vino hacia mí
abriéndome los brazos, desperté perdido
en la oscuridad de mí mismo,
sin saber si ella era la persona real y yo el fantasma,
si ella la que estaba allí y yo el intruso.
Pues con la diferencia de unos cuantos minutos
ambos habíamos cruzado la frontera de un mundo
donde el sueño se parece a la vida
y la vida se parece al olvido.

Meeting my mother
in the old kitchen

After so much crossing of dreams,
hugging the shadows of the dead, my own and
    others,
I came across my mother in the old kitchen.
From the day she died, I had seen her in dreams,
but this time the dream had an urgent need
to turn into everyday life.
Standing in the doorway, her frayed apron on,
she pointed to where the treasure she had searched
so hard for in life without ever finding lay buried.
But the instant she approached, opening
out her arms to me, I woke up lost
in the darkness of my own self,
not knowing if she were the real person and I, the
    ghost,
if she were the one truly there, and I, the intruder.
For in the span of a few moments
both of us had crossed the borders of a world
where dream resembles life
and life a forgetting.

Perro espectral

A Rufus

Lo vi venir corriendo por el aire
en respuesta a la voz que lo llamaba en vida.
Todo era luz en las praderas de la tarde.
Todo era ausencia en los cuerpos presentes en la
    calle.
Su pelambre amarillo estaba descolorido;
sus orejas negras, transparentes.
A mi lado ya no emitía los ruidos
con que celebraba mi retorno después de las
    separaciones,
ni corría de un lado a otro para festejarme.
Jadeó su afecto y me extendió la pata.
Yo atravesé su pecho con la mano,
yo acaricié su hocico inconsistente;
sus mandíbulas estaban desencajadas
y sus ojos abiertos ciegos.
No sé adónde se había ido desde aquella noche
en que lo dejé dormido a la puerta de mi cuarto
y al amanecer no lo encontré esperándome.
Venía de un lugar donde no hay comida
y para beber sólo hay luz oscura.
Como a una sombra nadie
lo había llamado por su nombre.

The ghost of a dog

To Rufus

I saw him come running in the air
to the voice that called him in life.
Everything was light in the meadow of the afternoon.
Everything in the bodies present on the street, an
    absence.
His thick yellow fur was colorless;
his black ears, two transparencies.
At my side he emitted none of his sounds
to hail my return after our times apart,
nor did he dash from one side to the other to fête
    me.
He panted his affection and offered me a paw.
I passed a hand through his chest,
stroked his filmy muzzle;
his jaws were un-joined
and open eyes blind.
I don't know where he went since that night
when I left him asleep at my bedroom door
and found him, not waiting for me in the morning.
From a place where there is no food
and only dull light to drink he came.
Like a shadow, no one had called him
by his name.

Rápidamente nos reconocimos.
Le puse la correa roja en el cuello
y con la pata impalpable abrió la puerta.

Era hora de su paseo y salimos a la calle.

Pero en la esquina, nos desvanecimos.

Quickly, we recognized one another.

I put his red lead on his neck

and with an impalpable paw he pushed open the
  door.

It was time for his walk and out we went into the
  street.

But vanished at the corner together.

Soliloquio de Rufus

En el descanso de la escalera
yo me dormía en el brazo de mi amo,
el cuerpo apoyado en la pared,
las orejas atentas y las manos cruzadas.

Con los ojos llenos de sueño,
desde el tapete azul, por el que nadie anda,
acechaba los ruidos de la calle
y percibía el paso de las sombras.

En las puntas de mis orejas crecía el silencio,
y porque en los cuartos de arriba
dormían las hijas de mi amo, yo guardaba su puerta.
Nunca las perdía de vista.

Echado en el descanso azul,
miraba con fijeza al vacío,
la parte más estratégica de la casa
entre el arriba y el abajo, entre el ayer y el mañana.

Al primer indicio de que estaban despiertas
entraba a saludarlas, y ellas se ponían contentas
al oír el jadeo de mi risa y el Mmmmmm de mi
    voz
(yo no sabía qué decía, pero a ellas les gustaba oírlo).

Rufus' soliloquy

On the landing at the top of the stair
I would fall asleep on my master's arm,
back propped against the wall,
paws crossed and ears alert.

Eyes thick with sleep, on the blue
carpet no one walks across,
I lay in wait for the noises in the street
and sensed the shadows passing.

At the tips of my ears the silence grew
and because my master's daughters were sleeping
in the rooms upstairs, I guarded his door.
I never let them out of my sight.

Stretched out on the blue landing, between
upstairs and down, yesterday and tomorrow,
the most strategic spot in the house,
I watched the emptiness intently.

At the first sign that they were awake
I went in to greet them and it made them happy
to hear the panting of my grin and Mmmmmm of my
        voice
(I don't know what it said, but they liked to hear it).

No le pedía otra cosa al mundo
que echarme a las patas de la mesa
y lamer el plato de mi amo,
pues la vida del perro es espera y hambre.

Mis días pasaban sin remordimientos ni memoria,
viviendo en la eternidad del momento
como un animal o un dios.
A esto, los otros llaman felicidad.

Así los años se contaron uno por siete,
así perdió fuerza la mano que me sacaba a
    pasear,
así se nublaron sus ojos y los míos,
así ya nadie vino al descanso de la escalera.

I never asked anything more in this world
than to lie at the foot of the table
and lick my master's plate—
for a dog's life is to hunger and wait.

My days passed without memory or regrets,
living in the eternity of the moment
like an animal or a god.
This, others call happiness.

So were my years counted, seven for his one,
so did the hand that took me out walking lose its
        power to,
so did his eyes and mine cloud over,
so did no one come now to the landing on the stair.

Como un perro

Como un perro
siempre a los pies de alguien

como un perro
caminaré contigo bajo el sol y el viento

cuando estés vieja ciega y fea
hurgaré en los basureros de la vida por ti

estaré echado a tus pies
como una sombra

como un perro

Like a dog

Like a dog
always at someone's feet

like a dog
I'll walk with you through sun and wind

when you are old blind and ugly
I will nose through the rubbish bins of life for you

I will be stretched at your feet
like a shadow

like a dog

Cine Balmori

A Leonora Carrington

En el cine viejo una película de tercera dimensión
estaba pasando fuera de la pantalla
y la pareja sentada junto a mi era parte de la trama.
El rayo proyector se había metido en tu recámara
y tú te desnudabas en presencia de todos para pasar
la noche.
La actriz de ojos negros que te protagonizaba
era muy celosa, pero lo disimulaba,
y en momentos era como la muerte, pura imagen.
Los niños estaban cerca de nosotros, con su cara de
ahora.
El perro permanecía en la calle atado al aire.
Por tus piernas subían las pulgas,
atravesando medias y pantalones,
como si la oscuridad las estuviera pariendo.
Afuera llovía. Llovía en el pasado,
en otra parte de la realidad y llovía en los ojos.
Nosotros, desnudos delante de todos,
nos mojábamos y no nos mojábamos.
Los actores y los espectadores habían muerto,
incluso tú y yo, héroes de la trama, sentados en el
público.

The Balmori Cinema

To Leonora Carrington

Off screen in the old movie house
a movie was playing in 3-D
and the couple seated next to me, part of the action.
The projector beam had got into your bedroom
and you undressed, in front of everyone, for the
    night.
The dark-eyed star who played you
was very jealous, but acted as if she weren't
and was at times, like death, pure image.
The children were near, with the faces they have
    now.
Our dog out in the street, tied to thin air.
Fleas scaled your legs,
up over your stockings and pants,
as if bred out of the darkness.
Outside it rained. Rained down on the past,
on some other part of reality. Rained into the eyes.
Naked, in full view of everyone,
we got wet, but didn't get wet.
Actors and audience had died,
you and I included—seated with the general public—
    the heroes of the piece.

El cine había sido demolido hacía tiempo,
y las imágenes de las actrices,
en los rincones de la desmemoria,
buscaban espacio y tiempo para ser.
Tú y yo, allí en la sala, andábamos también bajo la
    lluvia
sin saber que éramos los protagonistas de una
    película,
que, en presencia de nadie, pasaba una y otra vez
en la pantalla del cine viejo.

The movie house had been demolished, some time
    ago,
and the images belonging to the actresses
searched in corners of the unremembered
for a space and a time to be.
There, in the hall, you and I were also walking in the
    rain,
not knowing we were the leads in a motion picture
that played over and over to no one
on the old movie house screen.

Diario de Mina Harker

(*Bram Stoker*, Drácula)

Hemos viajado todo el día hacia el Oriente
por caminos acústicos y barcas de madera vieja.
Nuestros oídos registraron sombras.
Nuestros ojos escucharon zumbidos.
Los caballos desbocados sólo se detuvieron
delante de los muros de piedra de la noche
y las aguas amargas del foso del castillo.
Íbamos a la búsqueda del sepulcro del No Muerto,
del Empalador, del Vampiro, del Rey de los
    Mosquitos,
que a tantos ha convertido en su naturaleza.
El Sol se metía en el horizonte rojo.
El Sol se hundía en nuestra tumba cotidiana.
El monstruo no estaba en su cuerpo,
estaba adentro de nosotros chupándonos la vida.
El Conde yacía en su caja sobre el piso,
entre clavos, astillas y pedazos de hostia:
pálido, ceroso, nos miró con ojos sanguinolentos.
El cuchillo de Jonathan le rebanó el pescuezo.
La ira plateada de Morris le atravesó el corazón.
Muerto el Vampiro, brotaron los insectos
del agua estancada y de la madera que chirría.

Mina Harker's Diary

(*Bram Stoker*, Dracula)

We have traveled east all day long
on acoustical roads and boats of old wood.
Our ears registered the shadows.
Our eyes harkened to the whirrings.
The runaway horses stopped
only in the face of night's stone walls
and bitter waters of the castle moat.
We went searching for the crypt of the Undead,
the Impaler, the Vampire, the Mosquito King
who has converted so many into his kind.
The Sun set on the red horizon.
The Sun sank into our daily tomb.
The monster was not in his body,
he was in us, supping on our lives.
The Count lay in his box on the floor,
between splinters, nails and pieces of holy wafer:
waxen, pale, watching us with bloodshot eyes.
Jonathan's knife sliced into his throat.
Morris' silver wrath passed through his heart.
The Vampire, dead, insects erupted
from the stagnant water and the creaking wood.

Rompiendo los círculos sagrados y las puertas
   purificadas,
partieron hacia el mundo para fastidiar al prójimo
cuando está soñando o cuando está más cansado.

Miren, miren, del cadáver de Drácula salieron los
   mosquitos.

Breaking through the sacred circles and consecrated
   doors,
they lit out into the world to pester the neighbor
when at his tiredest or slipping off into a dream.
See, see, the mosquitoes came forth from Dracula's
   corpse.

El deseo de ser uno mismo

(Desde Kafka)

Si uno pudiera ser un jinete cabalgando
a pelo sobre un caballo transparente
a través de vientos y de lluvias
constantemente sacudido
por la velocidad de la cabalgadura
si uno pudiera cabalgar intensamente
hasta arrojar lejos de sí las ropas
porque no hacen falta las ropas
hasta deshacerse de las riendas
porque no hacen falta las riendas
hasta arrojar lejos de sí la sombra
porque no hace falta la sombra
y así viera que el campo no es campo
sino puñado de aire
si uno pudiera arrojar lejos de sí el caballo
y cabalgar solo sobre sí mismo

The desire to be oneself

(*After Kafka*)

If you could be a horseman riding
bareback through the winds and rains
on a transparent horse
constantly buffeted
by the velocity of your mount
if you could ride hard
until clothes were cast off far behind you
because there is no need of clothes
until reins were done with
because there is no need of reins
until your shadow was cast far behind you
because there's no need of a shadow
and then you might see countryside not as
    countryside
but a fistful of air
if only you could cast the horse far behind you
and ride on on yourself

Autorretrato de joven caminando en el pasado

Hay en ese ayer rincones que nadie ha visto,
figuras que cambian de lugar y de forma,
objetos que se mueven de noche
y horas que duran un minuto o un siglo.

Hay en ese rostro multitudes de sombras
esperando delante de puertas cerradas,
mientras el tren del olvido parte a cada momento
moviéndose y quedándose en el mismo sitio.

Hay en ese espacio cuerpos parados en ninguna
    parte,
paredes que sostienen casas que ya no existen,
amigos que vienen por la calle y no llegan,
ventanas con las manos abiertas.

Hay en ese café mesas al aire libre,
mujeres fumándose la tarde ociosa,
tazas volcadas sobre los días borrachos,
pobres diablos que se inventan a sí mismos.

Hay en ese ayer un hombre que camina
con una mujer vestida de anaranjado.

Self-portrait of a young man out walking in his past

There are corners in that yesterday no one has seen,
figures that change places and shapes,
objects that move in the night
and hours that last a minute or a century.

There are on that face mobs of shadows
biding by closed doors
while every moment a train of forgetting departs
pulling out and stopping in the same spot.

There are bodies in that space waiting nowhere,
walls holding up houses that no longer exist,
friends coming down the street who never arrive,
windows with opened hands.

There are in that café tables in the open air,
women smoking the idle afternoon away,
cups overturned on tipsy days,
poor devils self-inventing.

There is a man walking in that yesterday
with a woman dressed in orange.

Pronto ella dará a luz a su primera hija.
Cruzan una avenida con coches impalpables.

Entran a un edificio de ventanas grandes.
Suben por una escalera rota, que sólo ellos pueden
    subir.
No llevan nada en el bolsillo. Deben su última renta.
Abren en el ayer las puertas del sueño cotidiano.

Soon she will give birth to her first daughter.
They are crossing a street with disembodied cars.

They go into a building with big windows.
They ascend a broken stair only they can ascend.
They have nothing in their pockets. They owe the
    last rent.
They open in the yesterday the doors of a day-to-day
    dream.

Tren

Llegó el tren a tiempo para marcharse al pasado.
A la velocidad de la mente se fue deshaciendo
    estaciones.
Aquí y allá dejó rostros que desde los andenes
me miran pasar con cara de vacas rumiando
    frustraciones.
De pronto las casas y las personas a las que nunca
había entrado, se abrieron. Por qué. No entiendo.
El tren siguió corriendo a la velocidad del sueño.
Sin esperar a nadie. Incluso a mí, el pasajero
    principal.
La casa paterna no estaba en su ruta. Tampoco
los cerros de mi infancia, ni las nubes blancas.
Sólo estaba la distancia, que por las ventanas sin
    vidrios
entraba y salía como una esmeralda ebria.
Cuando llegamos a la estación X, con los ojos
palpitantes de gozo por la posibilidad de ver a R,
y de reunirme con ella, cuál sería mi sorpresa:
el tren pasó de largo.

Train

The train arrived in time to set off for the past,
at the speed of the mind, it went sweeping away the
    stations.
On platforms, here and there, it left faces watching
    me
pass with the face of cows chewing on cuds of
    frustration.
Suddenly people, houses I had never been into
were opened up for me. Why? I don't understand.
On went the train, racing at the speed of dream.
Waiting for nobody. Me included, the principal
    passenger.
The parental home was not on its route. Nor
the hills of my childhood, nor the white clouds.
Only the drunken-emerald—distance, blinking
in and out windows without glass.
When we arrived at Station X, eyes throbbing
with joy at the prospect of seeing R
and my reunion with her, such was my surprise,
the train swept right on by.

La pareja sagrada

De un tiempo para acá me ha dado en soñar con
   volcanes.
En particular con la pareja sagrada del valle de
   México:
él con la cabeza blanca y el ojo rasgado,
ella con el cráter nevado y los senos erectos.
Aunque de día mantienen sus distancias,
a medianoche sus siluetas se juntan.
Esos amantes pétreos con corazón de lumbre
por debajo del suelo se acarician.
Hace poco sorprendí a la Mujer Dormida
boca arriba, el rostro rojo de poniente, mirando a la
   Luna.
Desde el centro del cielo la Luna la miraba a ella,
mientras el Sol, con cara enamorada, se ponía en el
   horizonte.
El espíritu de la Montaña Humeante
volaba por los aires vestido de amarillo.
Yo iba en la carretera hacia ninguna parte.
A ambos lados de mí mismo, abismo.

The sacred couple

For some time now, I have been into dreaming about
   volcanoes.
In particular, the Valley of Mexico's sacred couple.
He, with the white head and almond eye;
she, with the snowy crater and breasts erect.
Although they keep their distance by day,
at midnight their silhouettes join.
Those stone lovers with hearts of fire
caress one another underground.
A short time ago, I surprised the Sleeping Woman,
on her back, red-faced from the setting Sun, staring
   at the Moon.
From the center of the sky the Moon was eyeing her,
while the Sun, with a love-struck face, set on the
   horizon.
The spirit of the Smoking Mountain
flashed through the air dressed in yellow.
I was walking along the highway, headed nowhere;
an abyss, to either side of me.

Por la puerta verde

A Eva Sofía

Soy un indocumentado de la eternidad.
Sin papeles he cruzado las fronteras del tiempo.
Detenido por los agentes migratorios
del nacimiento y de la muerte, he saltado
en el tablero de ajedrez de los días.
Aduaneros sagaces en busca de recuerdos de valor
han hurgado en mis valijas de sombras.
Nada que declarar. Nada que lamentar.
He pasado por la puerta verde.

Through the green door

To Eva Sophia

I am one of eternity's illegal aliens.
I have crossed time's borders without proper papers.
Detained by the immigration officers
of life and death, I have jumped
across the chessboard of days.
Shrewd customs officials in search of valuable
memories have rummaged through my suitcase of
    shadows.
Nothing to declare. Nothing to regret.
I have made it through the green door.

El doble

Ibas de cuarto en cuarto
apagando los televisores
y mis imágenes se ahogaban
en la nada dando voces.

De espejo en espejo
te tapabas los ojos
para no encontrarte
con mis ojos ajenos.

Atravesando las horas
rompías retratos,
mientras yo te miraba
desde tu pasado otro.

Tu silueta parada al pie
de un sueño mutuo
proyectaba dos sombras
desconocidas sobre el muro.

Tú no conocías mi nombre
ni yo el tuyo, sólo te me quedaste
viendo con extrañeza,
como la primera vez que nos vimos.

The double

You went room to room
turning off the televisions
and the images of me sank
hollering into the nothing

At mirror after mirror
you covered your eyes
in order not see yourself
with my someone else's eyes.

Going through the hours
tearing up the photographs
while I looked on at you
from your other past.

Your silhouette standing
at the foot of a shared dream
cast two unfamiliar shadows
on the wall.

You did not recognize my name
nor I yours, you just kept looking at me
as strangely as the first time
we laid eyes on one another.

Recomendaciones para la vida fantasmal

Cuando vayas por la calle, no beses a tu amada,
porque además de no verte, la puedes espantar.

Cuando en el tráfico un coche te atropelle,
no te preocupes, habrá aplastado aire.

En el cuarto con una joven desnuda, no te inquietes,
tu deseo será un pálpito en un saco vacío.

Si al amanecer la gata está mirándote, no la acaricies,
sus ojos fulgurantes estarán viendo nada.

Si tu perro te atraviesa sin saber que estás allí, no te
aflijas,
habrá visto a una fantasma llamándolo desde el otro
lado de la luz.

Recommendations for life
as a ghost

When you go down the street, don't kiss the one you
    love.
Besides not seeing you, you might give her a fright.

When a car runs over you in the traffic,
don't fret, it will have flattened air.

In a room with a young naked girl, don't be upset,
your desire will be a flutter in an empty jacket.

If, in the dawn, the cat is looking at you, don't stroke
    her,
her glowing eyes will be seeing nothing.

If your dog crosses through you without knowing
    you are there, don't be put out,
he will have seen a phantom calling to him from the
    other side of the light.

El misterioso triángulo de las Bermudas

El mar de los silencios solares
se ha tragado bajeles de palabras.

El mar de los olvidos estelares
se ha tragado miríadas de imágenes terrestres.

El mar de los navíos celestes
se ha tragado océanos de paisajes.

El mar de los tiempos incalculables
se ha tragado pasiones desatadas.

El mar de las fuerzas irresistibles,
el mar inexplicable, siempre explicado,

sin remordimientos, sin vestigios,
se ha tragado a sí mismo cada noche.

Solamente tú, criatura del instante, eres inmune
a los remolinos magnéticos y las desapariciones.

The mysterious
Bermuda Triangle

The sea of solar silences
has swallowed up shiploads of words.

The sea of stellar forgetting
has swallowed myriad earthly images.

The sea of celestial vessels
has swallowed oceans of landscapes.

The sea of times without number
has swallowed the unbridled passions up.

The sea of irresistible forces,
the forever explained, inexplicable sea,

has swallowed itself up each night
without a trace or remorse.

Only you, creature of the moment, are immune
to the magnetic whirls and disappearances.

La realidad del sol

De manera que el ojo inocente
es consumido por la materia incandescente

y los secretos mejor guardados
por el fuego son revelados

de manera que a lo largo de la vida
buscando la realidad del sol

a punto de encontrarla, no podemos
soportar su vista a riesgo de perder el juicio

de manera que el estado edénico solar
es anterior al delirio cromático

y a la experiencia alucinante de sentirse
desarraigado del mal llamado mundo real,

de manera que la contemplación total del sol
hunde al espectador en la ceguera total

y la inmersión completa en la luminosidad
implica desaparecer en el no ser.

The reality of the sun

In that, the innocent eye
is consumed by incandescent matter

and the best-kept secrets
are revealed by fire,

in that, throughout life
searching for the sun's reality

on the brink of finding it, at the risk
of losing our reason we can't abide the sight of it,

in that, the solar Edenic state
is prior to the chromatic mania

and the hallucinatory experience of feeling
oneself detached from the misnamed real world,

in that, total contemplation of the sun
plunges the observer into total blindness

and complete immersion in the luminosity
implies disappearing into not-being

El espectro de tu amada

Verás el espectro de tu amada
en la noche cruzando la calle
su silueta alumbrada
contra un banco de niebla
por los faros de un automóvil
parado en la esquina

Criatura del no ahora
su figura proyectada
afuera de su forma
como halo que camina
entre miles de espectros
verás el espectro de tu amada

The ghost of the one you love

You will see the ghost of the one you love
at night crossing the street
her silhouette lit up
against a fog bank
by the headlights of a car
stopped on the corner

Creature of the not-now
her shape projected
beyond its form
like a halo walking
among the ghostly thousands
you will see the ghost of the one you love

Los perros corriendo por la playa

Los perros corriendo por la playa
no ven su sombra reflejada,
ni el sol que se pone
en el horizonte de la nada.

Tal vez mañana,
cuando ya no sean perros,
sabrán que sólo fueron
sombras corriendo hacia la nada.

El perro negro saltando hacia mañana
cree que salta sobre los muros del instante,
pero nada más está cayendo
sobre los oros demorados de otra nada.

La tarde, a la derecha, casi nada,
ya incluye los azules de la noche,
y el sol que se pone lejos de la playa
ilumina todo sin ver nada.

Corren, corren los perros de la nada
por las arenas de la desmemoria,
para retornar mañana a su carrera
por otra y misma playa, como si nada.

Dogs running on the beach

The dogs running on the beach
don't see their shadow reflected,
nor the sun go down
on the horizon of the nothing.

Perhaps tomorrow
when they are dogs no more,
they will know they were only
shadows running toward a nothing.

The black dog leaping at tomorrow
believes he leaps the walls of the instant,
but he's only falling on the lingering
golds of another nothing.

Evening—to the right, almost nothing,
the blues of night already added-in
and the sun that sets far away from the beach
lights up all without seeing a thing.

The dogs of the nothing run, run
along the sands of unremembering
to return tomorrow to their run
on a same, never-same beach, as if nothing.

Paisajes de nada

El tiempo forma
paisajes de nada
en la calle

donde pasa lo mismo el aire
que un coche
o una persona odiada

una sombra saluda a otra sombra
vestidas las dos sombras
del color de la mañana

luego dan vuelta en la esquina
apretando juntas en las manos
pedazos de nada

Landscapes of nothing

Time forms
landscapes of nothing
in the street

where the air passes by
the same as a car
or person you despise

one shadow greets the other shadow
both shadows dressed
in the color of morning

then they turn the corner, together
holding tight
to the bits of nothing in their hands

Desimaginemos el Leteo

Desimaginemos al Leteo,
detengamos las aguas de ese río
que vienen cargadas de recuerdos.

Pensamos que después de muertos
el alma nada contracorriente
y se sumerge en la memoria omnipresente.

Supongamos que nada se desprende de nosotros
y las imágenes pasadas nos sorprenden
en los lugares de nuestra (in)existencia.

Imaginemos al amante bebiéndose a la amada
y en el tono más natural decirle:
"En el Leteo te veo".

Pensemos que los dioses de la muerte,
vestidos de voces y recuerdos, dicen:
"Esto fue aquí". "Esto fue allá".

Supongamos que no hay olvido
y durante la eternidad los ojos van mirándose
en los espejos negros del instante.

Let us unimagine Lethe

Let us unimagine Lethe,
hold back the waters of that river
which come laden with memories.

Let's think that after death
the soul swims against the current
and submerges in omnipresent memory.

Let us suppose nothing falls away from us
and images from the past surprise us
in the sites of our (non)existence.

Let us imagine the lover drinking in the one he loves
and in the most natural of tones telling her:
"I see thee in the Lethe."

Let us think of the gods of death
dressed in voices and memories, saying
"This was here." "This was there."

Let us suppose there is no forgetting
and for eternity the eyes go on seeing themselves
in the black mirrors of the instant.

En un valle vi las sombras de los muertos

En un valle vi las sombras de los muertos
cazando rayos en la mañana.
Sus pies pisaban las manzanas negras de los sueños
y sus manos atravesaban árboles y cuerpos.
Muy atareadas corrían las sombras una detrás de
    otra,
mas cuando creían haber cogido algo,
los rayos se les escapaban de los dedos,
como si sombras, manos, rayos fueran nada.

In a valley I saw the dead shades

In a valley I saw the shades of the dead
chasing beams of light in the morning.
Their feet trampling on dream's black apples
and hands passing through bodies and trees.
Busily the shades raced one after the other,
but when convinced they had caught something,
the beams slid through their fingers
as if shades, hands, beams were nothing.

Pasto negro

A tu hermano veo por la ventana
cortando pasto en el jardín,
pero nunca acaba de cortarlo,
porque cuando lo ha cortado aquí
ha crecido allá. Es un pasto negro
que nace en el corazón del hombre
y se parece al cabello del abuelo:
resistente a las tijeras del viento.
Día y noche veo a tu hermano
cortando el pasto de la muerte.

Black grass

Through the window I see your brother
out cutting the grass in the garden,
but he never finishes cutting
because when he has it cut over here
it has grown over there. It is black grass
sprouted from men's hearts
and it resembles grandfather's hair:
resistant to the scissors of wind.
Day and night I see your brother
out cutting death's grass for it.

Las Parcas

Nadie lo dice, pero las Parcas
no son tres hermanas vestidas de blanco,
sino existe una para cada cuerpo
y las llevamos adentro como saliva y sangre.
No las parió el Erebo de la Noche,
sino el Minuto terco con la Sombra,
y ellas nos paren a nosotros todo el tiempo.
Si una hila, otra devana y otra corta,
parcas en palabras y en costumbres,
su parquedad es engañosa,
porque las tres atacan con tijeras
las piernas y el pecho de la gente.
"Atropos, Cloto, Laquesis" susurran los instantes.

The Fates

Nobody says so, but the Fates
are not three sisters dressed in white,
a fate exists, one for each body
and we carry them inside us like blood and saliva.
The Erebus of the Night did not give them birth,
but Shadow with the stubborn Minute
and they give birth to us all the time.
If one spins, another measures out and the other
    cuts,
sparing in word and deed,
their constraint pulls the wool
over the eyes because the three attack
people's chests and legs with scissors.
"Atropos, Clotho, Lachesis," whisper the instants.

Los poemas de la luz

The Poems of Light

Poderes de la luz

Ya despierta,
con la luz en los ojos.

Ya di las cosas,
con la luz en los labios.

Ya márchate al mundo,
con la luz de todo ayer.

Powers light has

Wake up now
with light in your eyes.

Say things now
with light on your lips.

Go forth now with the light
of all the yesterdays into the world.

Soñando

un cielo de agua blanca

un mar de luz azul

Dreaming

a sky of white water

a sea of blue light

Latidos de luz sobre los rieles

Al amanecer, latidos
de luz sobre los rieles
corren con sus sombras
caídas a los lados.
A la velocidad del olvido
corren hacia el ojo negro,
que también palpita.
Compara esos latidos con tu vida.
Luego, cierra los ojos.

Light pulsing on the rails

At dawn, pulses
of light run
along the rails,
their shadows
fallen along the sides.
At the speed of forgetting
they run toward
the ebony eye,
which also throbs.
Compare those pulses to your life.
Then, shut your eyes.

¿No es esa luz

¿No es esa luz que en invierno
la más constante de las luces

¿No es esa luz que pasó por el camino
la que pasará después cuando me haya ido

¿No es esa luz que viene del ojo de los sueños
la que derrumbará torres, peones y caballos

¿No es esa luz sin contornos ni centro
la que prevalecerá en mi noche

Is it not that light?

Is it not that light through winter,
the most constant of lights. . . ?

Is it not that light that passed by on the road
which will pass by after I am gone. . . ?

Is it not that light coming out the eye of dreams
that will topple the pawns, castles and knights. . . ?

Is it not that light with neither contours nor center
that will prevail over my night. . . ?

Cuatro escaleras

Cuatro escaleras pálidas
caminan por el llano

y al caer la tarde
amarillas de sol

se quedan paradas
con sus sombras largas

en el instante vano

Four ladders

Four pale ladders
wending over the plain

and in the late
evenfall
yellow with sun

they stay standing
with their long shadows

in the instant to no end

Poema de la luz

La luz, palabra del Ojo soñador.

La luz, el universo yo.

La luz, puerta de toda la poesía.

The poem of light

Light: the Dreamer-Eye's word

Light: I the universe

Light: door to all poetry

El ángel de los misterios cotidianos

The Angel of Everyday Mysteries

Antibucólica

Un zopilote con un pedazo de carne roja en el pico
parecía estarse comiendo su propio pecho.

Los senos de ella se desparramaban
sobre su vientre como dos serpientes.

Un perro amarillo lamía las sombras de las piedras,
el perro sin dueño del amor hambriento.

En el llano silbaba una máquina invisible.

Pasaba el ángel de los misterios cotidianos,

viajando misterioso y sin maletas
en el tren del mediodía.

Antipastoral

The vulture with a piece of red meat in its beak
appeared to be gobbling its own chest.

Her breasts spilled down
over her belly like two snakes.

A yellow dog, hungering love's
ownerless dog, licked the shadows of the stones.

On the plain an invisible engine whistled,
the angel of everyday mysteries going by,

traveling mysteriously and with no luggage
on the midday train.

El ángel de la inspiración

El ángel de la inspiración no anda lejos.
Solamente necesito para atraerlo
un cuaderno, una pluma y entrecerrar los ojos.
Percibido, se irá. En el aire quedará
la huella de una criatura que nadie ha visto.

The angel inspiration

The angel inspiration is never far off.
To attract it all I need is a notebook,
pen and to half-close my eyes.
Once spotted, it will go, depositing in the air
the footprint of a creature no one has ever seen.

Terremoto

Ante las circunstancias, ella se recargó en mi cuerpo
como en una pared que se derrumba.
Comprimido el edificio de ocho pisos,
no quedaba a la vista un vidrio sano.
Sin recuerdos y despedazado, el espejo reflejaba
las manos del hombre que lo recogía.
Nubes de polvo danzaban sobre la virgen rota,
que había hecho el milagro de no salvar a nadie.
Todo se movía, menos tú,
un pedazo de frío en el día caluroso.
En la calle, los muertos nuevos atravesaron
tu cuerpo como siluetas de oro.

Earthquake

Under the circumstances, she leaned on my body
as on a wall about to fall.
The eight-story building collapsed in on itself,
not one whole pane of glass remained to be seen.
The mirror, smashed to pieces and emptied of
    memories,
reflected the hands of the man who was picking it
    up.
Dust clouds danced around the shattered virgin,
who had performed the miracle of saving no one.
Everything was moving, except for you,
a sliver of cold in the warm day. In the street
the new-dead, like golden silhouettes,
crossed through your body.

Blackout 2

Una pantalla perfectamente negra,
una obra maestra del arte abstracto,
un coche atravesando los nudos del tráfico.

De pronto el vértigo, el abismo de uno mismo,
el hallarse en un coche que avanza en sentido
    contrario
por una avenida con miles de coches avanzando.

El choque, el cuerpo volcado fuera del vehículo,
los ojos atrapados en una tortilla
de metales, papeles y cristales.

El corazón saltado,
la masa de cabellos y de dientes,
la enchilada de sangre.

Una pantalla perfectamente negra.

Blackout 2

A pitch black screen,
a masterpiece of abstract art,
a car crossing through bottlenecks in the traffic.
All of a sudden, vertigo, the abyss of oneself.
Finding oneself in a car coming the wrong way
down an avenue with thousands of oncoming cars.
The crash, the body flipped out of the vehicle,
the eyes trapped in a metal,
paper and glass tortilla.
The heart, popped out,
the mass of teeth and hair,
blood enchilada.
A pitch black screen.

Selva ardiendo

Los cielos amarillos parecen Turners tropicales.
Las palmeras danzantes son besadas por lenguas
   voraces.
Los monos aulladores saltan de copa en copa.
A través de las humaredas, bandadas de loros,
con las colas quemadas, van buscando al sol,
que los mira oculto, como un ojo podrido.

The jungle aflame

The saffron skies resemble tropical Turners.
The dancing palms are kissed by voracious tongues.
The howler monkeys leap from crest to crest.
Through the billows of smoke, companies of parrots
with singed tails go searching for the sun
that watches them covertly, like a putrid eye.

Palmera

Cuerpo arcaico de diosa,
con su falda rayada.

O piña coronada
de penachos verdes.

Cachondeada por vientos,
no deja de bailar.

Palm tree

Body of an archaic goddess
with her striped skirt.

O pineapple crowned
with green plumes.

Teased by the breezes,
it never quits dancing.

El ojo de piedra

He tenido que viajar mucho
para hallar el ojo de piedra
oculto entre otras piedras.

El ojo de piedra encerrado
entre dos cactos
como un ala de abeja.

El ojo de piedra
que mira a través de la lluvia
como un ojo de Dios.

The stone eye

I have had to travel far
to find the stone eye
hidden among other stones.

The stone eye shut in
like the wing of a bee
between two cacti.

The stone eye
staring through the rain
like an eye of God.

Nopales

A George McWhirter

1

Los nopales
ejército de manos verdes
acribillados a balazos de luz

ofrecen
sus frutos corazones
al Sol

figuras verde claro
descienden al Inframundo
sin moverse de su lugar

2

Cuando el águila
descendió al nopal
para devorar a la serpiente
entonces comenzó
el tiempo de los sueños

Prickly pears

To George McWhirter

1

Prickly pears
army of green hands
riddled by bullets of light

offer
their heart-fruit
to the Sun

light green figures
descend to the Underworld
without moving from where they are

2

When the eagle
descended on the prickly pear
to devour the serpent
then did the dreamtimes
begin

Cacto de las rocas

Planeta verde del cacto
colgado del vacío
por un hilo de luz

no me digas que no te mueves
porque te he visto mover los brazos
en el instante inmóvil

Rock cactus

Green cactus planet
hung from the void
by a thread of light

Don't tell me you don't move
because for one motionless moment
I saw you move your arms

Mira, María

Mira, María, la sombra del matorral
como una mancha que nos está mirando.

Mira, María, la sombra de la mariposa
como otra María que en el mar se posa.

Mira, María, las manzanas cayendo del manzano
a las manos del hombre que las está esperando.

Look, Maria

Look, Maria, the shadow of the undergrowth
like a stain staring at us.

Look, Maria, the butterfly's shadow
like another Maria landing on the sea.

Look, Maria, apples dropping from the apple tree
into the hands of the man waiting for them.

Navaja de luz

En lo alto de la escalera
de la estación del metro
un pelafustán armado
con un cuchillo de acero
ante los fulgores mortíferos
de mi navaja de luz
emprendió la retirada

Light's knife

At the top of the steps
in the metro stop
a lout armed with a steel
switchblade
faced with the death-dealing
flashes from my knife of light
beat a retreat

El dios

Desde lo alto de la pirámide
miró la música pétrea de los templos.

Las nubes cubrieron de sombras
la selva sucesiva.

Sucedió la tormenta.
Cayeron rayos.

Los turistas corrieron.
Parlotearon loros.

Parado en la pirámide,
el hombre cadavérico,

empapado de verdes,
por un momento fue dios.

En Cobá

The god

From the height of the pyramid
he followed the stone music of the temples.

Cloud covered the continuous jungle
in shadow.

The storm broke.
Bolts of lightning fell.

The tourists ran.
Parrots chattered.

Standing on the pyramid
drenched in greens

the cadaverous man
was, for a moment, god.

At Cobá.

Pirámide del Sol, Teotihuacán

Los cuchillos del sol
parten en dos las nubes,
mientras en el horizonte
de las mil hojas de oro,
los muertos del día,
con las manos deshechas,
ofrecen sus ojos
al dios que declina.

Pyramid of the Sun, Teotihuacán

The sun's knives
split the clouds in two,
whilst on the thousand-
gold-leaf horizon,
the day's dead,
with butchered hands,
offer up their eyes
to the declining god.

Lago Ohrid

Vinieron los bárbaros al omfalos del mundo,
aunque el mundo tiene muchos omfalos.

Tomaron posesión de las aguas arrugadas
y erigieron la profecía de sí mismos que querían oír.

Pusieron fronteras en el agua, como si el agua
pudiese ser dividida. El lago permaneció inasible.

El sol como un ojo ebrio bailó sobre las ondas,
delante de los bárbaros y su omfalos del mundo.

Hubo entonces una blancura más blanca que el
blanco.
Y todas los árboles de la orilla miraron esa luz.

Lake Ohrid

Barbarians came to the world's omphalos,
although the earth has many omphali.

They took possession of the wrinkled waters
and raised the prophecy of themselves they wanted
    to hear.

They drew borders in the water, as if the water
were divisible. The lake remained ungraspable.

Like a drunken eye on the waves the sun danced
in the barbarians' faces and on the omphalos of their
    world.

There was a whiteness whiter than white then.
And all the trees on the shore gazed at that light.

El cazador de la muerte perfecta

El cazador de la muerte perfecta
cazaba al alba con su gran fusil
a los animales que venían a beber
en las lagunas azules de la selva.

Lo llamaban el cazador de la muerte perfecta,
porque no fallaba un tiro en el pecho del elefante,
y no dañaba la cabeza ni la piel de sus trofeos.
Cada crepúsculo regresaba cargado de presas
    muertas.

"Hoy fue un día espléndido", escribía en su diario.
"Maté 95 elefantes. Aunque hubo un pequeño error
en el disparo 45, le di más abajo de donde debí
    pegarle.
Cometí un descuido, un elefante escapó".

Pero aunque el cazador de la muerte perfecta
había matado a muchos elefantes estaba insatisfecho,
porque no había cumplido su deseo de ser el último
    hombre
que matara al último elefante.

The hunter of the perfect kill

The hunter of the perfect kill
hunted at dawn with his great gun
the animals who came down to drink
at the blue jungle pools.

They called him the hunter of the perfect kill
because he never failed to put his shot into an
    elephant's chest
and never damaged his trophies' skin nor head.
Every dusk he returned weighted down with dead
    prey.

"Today was a splendid one," he wrote in his diary.
"I killed 95 elephants. Although there was a small
    error
in the 45th shot, I hit it lower than I should.
I was guilty of carelessness, an elephant got away."

Still, though the hunter of the perfect kill
had killed many elephants he was dissatisfied
because he had not fulfilled his desire to be
the last man to kill the last elephant.

Quería retratarse en los Anales de la Cinegética
con su cabeza en la mano. E iba por la selva
perfeccionando sus disparos y cobrando piezas,
sin más límite que su cansancio y la caída de la
    noche.

Sucedió entonces que una noche,
mientras estaba apostado detrás de su jeep
listo para disparar, sintió sobre su hombro una mano
parecida a una garra. Era el espectro del rey de los
    zulúes.

Le dijo: "Si bien la obra de tu vida ha sido la de
    matar elefantes,
tu obra después de muerto será la de devolverles la
    vida
que les has quitado. Y la de crearlos con tus manos
    como la primera
vez que fueron creados. En ello usarás el poder de tu
    imaginación.

Cuando lo hayas hecho, dejarás de vagar por la selva.
No importa que sus caminos sean calles y basureros,

He wished to be depicted in the Annals of Hunting
with its head in his hand. And he went through the
    jungle
perfecting his shots and collecting game with no
    limit
other than his own exhaustion and the fall of night.

It came to pass then one night
while he was in position behind his jeep
ready to fire, he felt a claw-like hand
upon his shoulder. It was the ghost of the Zulu king.

It said to him, "If your life's work has been to kill
    elephants,
well, after death your job will be to return that life to
    those
you took it from. And to create it with your own
    hands, the same
as when it was first created. For this, put your power
    of imagination to use.

When you have done that, you will cease to wander
    the jungle.
No matter if its ways be through streets or garbage
    dumps

hasta el final de los tiempos seguirás vagando por ellos.

Éste será el castigo de El Cazador de la muerte perfecta".

Entonces, el rey de los zulúes desapareció.

Parque Krüger, Sudáfrica, 1997

until the end of time you will wander them. This will
    be
the punishment for the Hunter of the perfect kill."

Then, the Zulu king vanished.

Krüger Park, South Africa, 1997

Amar las cosas inanimadas

Amar las cosas inanimadas
como si fuesen extensiones de ti mismo.

Amar la muñeca vestida de verde
que con ojos ciegos nos está mirando.

Amar la pluma, prolongación de nuestra mano
que fija las palabras que sostiene otra mano.

Amar las obras del hombre vano
que juega con la materia mágica.

Love inanimate things

Love inanimate things
as if they were extensions of yourself.

Love the doll in the green dress,
who stares at us with blind eyes.

Love the pen, the extra span of our hand,
setting down the words the other hand sustains.

Love the works of vain man
who juggles with magic matter.

Baudelaire

1

Sentado en clase económica
sobre el océano Atlántico,
Baudelaire miraba
por la ventana del avión
las maravillosas construcciones
de lo impalpable.

De pronto cerraron las ventanas,
como una manera de cerrar los ojos de los pasajeros.
Prendieron los televisores
para repartir la imagen de lo estúpido.
Baudelaire alzó la cortina:
afuera estaba la tarde radiante de infinito.
Adentro estaba nada.

2

Luego
Baudelaire se despertó
perdido en el laberinto
del azul tardío.

Baudelaire

1

Seated in economy class
above the Atlantic Ocean
Baudelaire looked out
the airplane window
at the wondrous constructions
of the impalpable.

Suddenly they pulled down the shades
by way of closing the passengers' eyes.
Turned on the TVs to share
some mindless picture.
Baudelaire pushed up his shade.
The afternoon radiant with infinity was out there.
Nothing was there inside.

2

Later
Baudelaire awoke
lost in the labyrinth
of belated blue.

Al caer la noche cientos de Dráculas

Al caer la noche cientos de Dráculas se desprenden
    del muro.
Dueños de la sombra recorren los cuartos vacíos
y se paran en los espejos sin poder verse a sí mismos.
Muertos los amantes de la casa blanca
salen de debajo de la cama como astillas negras.
Hambrientos de sangre humana,
intentan partir al pueblo y atacar a los vivos.
Pero estorbados por el vidrio, los mosquitos
se quedan en la ventana inmóviles, sedientos,
hasta que los halla secos el alba.

En Smederevo, residencia de la princesa
Ljubica

At nightfall Draculas by the hundred

At nightfall Draculas by the hundred detach from the
    wall.
The shadow-masters scour the empty rooms
and stop at the mirrors, unable to see themselves.
Lovers dead in the white house, like charcoaled
    splinters
the mosquitoes come out from under the bed.
Craving human blood they plan
to leave for town and attack the living.
But hampered by the glass,
the mosquitoes stay at the window, thirsting, not
    budging
till dawn discovers them, dried up.

In Smederevo, Princess Ljubica's residence.

No hay sombras eficaces

No hay sombras eficaces
hay sombras nada más
siluetas arrastradas
sin volumen ni centro
formas insustanciales
que como miríadas
de pájaros-instantes
revolotean en círculo
sobre la nada

There are no efficacious shadows

There are no efficacious shadows
there are shadows nothing more
trailed silhouettes
with no center no volume
insubstantial forms
which like myriads
of bird-instants
flutter in circles
over the nothingness

De sombras te asombras

"¿Qué es una sombra?",
preguntó la sombra desnuda en la cama.

"¿Una silueta que te acompaña en la calle
o un cuerpo que te busca cuando ya te has ido?"

"No creas que todas las sombras son irreales,
porque a veces la sombra de un cuchillo

es la realidad de un cuchillo", contesté.
"Mira la sombra verde de la lluvia en Oaxaca."

You are astonished by shadows

"What is a shadow?"
asked the naked shadow on the bed.

"A silhouette that keeps you company in the street
or body that seeks you out, when you're already
 gone?"

"Don't go thinking all shadows are unreal
because at times a knife's shadow

is a knife's reality," I answered.
"Look at the green shadow of the rain in Oaxaca."

La forma de los rayos

Los rayos no tienen una forma definida,
los rayos hacen su propia forma.

Los rayos duran lo que pueden durar
unos ojos ahogados en el agua de un vaso.

Los rayos de tus ojos son los que más me gustan,
cuando no estás presente y finges estar conmigo.

The shape of lightning bolts

Lightning has no definite shape,
the bolts make shapes of their own.

The bolts last as long as a couple of eyes
drowned in the water in a glass can last

The lightning bolts of your eyes are those I like best,
when you are not present, but feign it.

Diluvio

En esta hora
en que sólo la lluvia
se oye
la lluvia hablando
sobre los tejados
y la hierba
en esta hora
en que el agua toma
la forma de las cosas
en que reposa
en esta hora de gracia
en que las ramas
se inclinan hacia abajo
pesadas de agua
y las plantas y los animales
callan
alabada seas tú
diosa verde
de la luz omnipresente

Downpour

At this hour
when only the rain
is heard
the rain chattering
over the roofs
and the grass
at this hour
in which water takes on
the shape of the things
it lies on
at this hour of grace
in which the branches
lean over
weighted down with water
and the plants and animals
go quiet
praise be to thee
green goddess
of omnipresent light

Poemas para un insomnio

1

Noche
en la ventana:
tu cuerpo llueve.

2

En la borrasca
gira gira
la mariposa.

3

Ducha fría de poeta
o
chubasco de versos.

4

Aguacero
en el patio:
cae un ojo abierto.

Poems for an insomniac

1

Night
on the window:
your body rains.

2

In the storm,
twirling twirling is
the butterfly.

3

Poet's cold shower
or
cloudburst of verse.

4

Deluge
in the yard:
an eye falls open.

5

En el estanque,
música del agua:
salta una rana.

6

No ataré mis pasos
a la carreta de los poderosos.
Solo sobre mis pies, iré jalado por el aire.

7

Cruzada de ríos,
ella levanta una flor,
los cinco pétalos de su mano.

8

La noche no conoce caminos.
Tampoco el gorrión
sabe dónde ha caído.

5

Water music
in the pool:
a frog leaps.

6

I won't harness my steps to the tumbrel
of the powerful, I'll press on,
on my own two feet, pulled by the air.

7

Crisscrossed by rivers
she raises a flower
the five petals of her hand.

8

Night knows no road
nor the sparrow
where it fell.

9

El hombre,
cuando nadie lo ve,
anda fuera del hombre.

10

Hoy es ayer y mañana en otra parte.
Nada está más lejos ni más cerca
que tú presente.

11

Luna de octubre:
dos fantasmas en uno:
un cuerpo y su sombra.

12

Abrazo la alegría en la forma
que el instante ha tomado,
tu cuerpo.

9

Man,
when nobody sees him,
walks outside of man.

10

Today is yesterday and tomorrow in another place.
Nothing's farther away, nor nearer
than your being here.

11

October moon:
two ghosts in one:
a body and its shadow.

12

I embrace joy in the shape
the instant has taken:
your body.

13

Tu cuerpo y el mío:
un fantasma
abrasado.

14

El Juicio Final no será el día de la resurrección de
    los muertos,
será el día de la resurrección de los ciegos:
entonces miraremos el mundo que no hemos visto.

15

En la montaña no veo la montaña,
están unas piedras, un riachuelo
y tu mirada que la corriente lleva.

16

En el Valle de los Sueños,
apenas formada por el alba,
qué bella es la Montaña de Ninguna Parte.

13

Your body and mine:
a phantom
in flame

14

The Last Judgment won't be Resurrection Day for
     the dead,
it will be Resurrection Day for the blind:
then we shall look upon the world we have not seen.

15

On the mountain I do not see a mountain,
there are some stones, a creek
and your glance the flow carries away.

16

In the Valley of Dreams,
barely given shape to by the dawn
how lovely this Mt. Nowhere is.

17

Son difíciles de pasar
los pasos de la Sierra Madre,
no sé como puede pasarlos
solo mi doble.

18

Tu cuerpo, sin sombra sin nada,
atravesado por recuerdos,
puede quedarse atrás,
como el aire.

19

En el mar sin orillas
melancolía me invade,
mientras en otra parte
otro yo me late.

20

¿Sabes lo que es una nube, tú la que mientras
te estoy hablando te has desvanecido?
¿Sabes lo que es una nube?

17

They are difficult to pass through
the passes in the Sierra Madre,
I don't know how my double
alone can pass through them.

18

Your body, with no shadow, no nothing,
can dwell on afterward
laden with memories
like the air.

19

In the shoreless sea
melancholy rolls in on me
while in some other place
some other *I* beats inside me.

20

"Do you know what a cloud is, you who, while
I'm talking to you, have been wisped away?"
"Do you know what a cloud is?"

21

Mira a esa tortuga en la roca diciéndose:
Mira a ese hombre mirándome
desde el otro lado del tiempo.

22

Entre todas las puertas que se abren y se cierran
sólo una se queda abierta,
la pintada de azul por el aire.

23

Hay poemas que se hacen en la boca,
hay poemas que salen de la garganta,
hay poemas que emergen del estómago
diciendo todo y diciendo nada.

24

Al oír su voz se corta la palabra.
Al callar su voz se oye la cosa.
Flotando en la nada, la poesía es cierta.

21

Look at that turtle on the rock saying to itself:
Look at that man eyeing me
from the other side of time.

22

Among all the doors that are opened and closed
only one is left open,
the one painted blue by the air.

23

There are poems made in the mouth,
there are poems disgorged by the throat,
there are poems that bubble up from the belly,
saying all, saying nothing at all.

24

Hearing his voice the word is cut off.
Hushing up his voice, the thing gets heard.
Afloat on nothing, poetry is sure.

La vida breve

1. *Mediodía*

En el desierto,
ojos contemplan al sol
con pupilas de arena.

¿Qué soy yo?
Un ojo desaforado
en el instante blanco.

2. *Perro perdido en el desierto*

Ese perro flaco, ¿adónde va?
¿cuánto durará en la carretera
antes de que lo planchen
los camiones cerveceros?
Una sombra en la banqueta, nada más,
ese perro perdido en el desierto.

3. *Danzando con el viento*

Se dobla hasta la cintura.
Se yergue bruscamente.

Brief life

1. *Midday*

In the desert
eyes contemplate the sun
with pupils of sand.

What am I?
An unbounded eye
in the white instant.

2. *Dog lost in the desert*

That skinny dog, where's it going?
How long will it last on the highway
    before the beer trucks
flatten it?
A shadow on the shoulder of road, nothing more,
that dog lost in the desert.

3. *Dancing with the wind*

It bows to the waist
Lifts abruptly.

Se avienta hacia la derecha.
Se curva hacia la izquierda.
Se pliega, se despliega.
Danzando con el viento.
Palmera.

4. *Momento*

Árbol desgarrado por el rayo:
grito de formas en el suelo.

5.

Gatos en la pared,
cuerpos en la calzada,
díganme, ¿quién los trajo aquí
para morirse luego?

6.

Agua no agua
aire no aire
fuego no fuego
tierra no tierra
presencia ausente

Sweeps right.
Curves left.
Bends, unbends.
Dancing with the wind.
Palm tree.

4. *Moment*

Tree slashed by a lightning bolt
the screech of shapes on the ground.

5.

Cats on the wall,
bodies on the causeway,
tell me, who brought them
here to die straight off?

6.

Water not water
air not air
fire not fire
earth not earth
your eyes not eyes'

de tus ojos no ojos
en el momento no momento.

7. *Poema de la tierra inteligente 2*

Más allá de la mente está la inteligencia de la tierra.
Afuera de la cabeza del hombre, la tierra piensa.
Como un aire, como una luz, la mente de la tierra
    envuelve.

8. *Del árbol caído todos hacen leña*

De niño solía contemplar el Fresno del Zopilote.
Y no me alcanzaban los ojos para verlo.
Como una catedral marcaba la entrada al cerro
de las mariposas, y a la infancia, huérfana de reinos.
Pero un día un presidente municipal mandó que le
    cortaran
las raíces, como a un hombre se le cortan los pies.
Y su sombra altísima se vino abajo. Los habitantes
    del pueblo
vinieron a cortarle las alas. Del árbol caído todos
    hacen leña.

absent presence
in the not moment moment

7. *Poem of an intelligent earth 2*

Far beyond mind is earth's intelligence.
Outside men's heads, the earth thinks.
Like air, like light, the earth's mind wraps around.

8. *Everyone makes firewood of the fallen tree*

As a boy I used to study the *Turkey-buzzard Ash.
But my eyes weren't big enough to take it in.
Like a cathedral it marked the entrance to the
    butterfly hill
and to childhood, orphaned of kingdoms.
But one day, like cutting the feet off a man
the Mayor ordered its roots cut.
And down came its tall shadow. The townspeople
    came
to hack off its wings. Everyone makes firewood of
    the fallen tree.

*El Fresno del Zopilote *(Turkey-buzzard Ash) was the tallest and oldest tree in Aridjis's village, Contepec, Michoacán, México.*

9. *Cuerpo vago*

Tengo que reconocerlo
ni por donde asir
el tronco verde
del joven árbol
que cuando lo cojo en sueños
se escapa por la pared
hacia el silencio vago.

10

Abeja atrapada en una botella
Sube y baja en busca de una salida
Recorre la superficie lisa
Con las alas caídas ya perdida
La muerte no la acaba;
escapa su imagen por el vidrio.

11. *Rufus*

¿Quién lo llamará cuando sea aire?
¿Quién lo sacará a pasear cuando sea sueño?

9. *Indistinct body*

I have to admit it
Nowhere to grab it
the green trunk
of the young tree
when I take hold of it in dreams
escapes through the wall
into indistinct silence

10

Bee trapped in a bottle
up and down it looks for a way out.
Scours the smooth surface
wings drooped, already lost.
Death doesn't finish it off: its image
slips through the glass.

11. *Rufus*

Who will call him once he is air?
Who will take him out for his walk once he is dream?

12. *La muerte de mi perro*

Como si se me muriera un brazo.
Como si se me apagara un ojo.

13. *Todo sobre tu nada*

En el terremoto se fue la luz.
En la multitud tu cuerpo se quedó a oscuras.
Los vidrios cayeron sobre tu puerta.
Y tus zapatos se quedaron vacíos.

14. *Albañil*

Como una criatura nacida del cemento
una sombra se levanta del polvo gris
y se sienta a comer tacos de piojos
agachado agachado agachado.

15. *Preguntas*

Este frío que ataca mi cuerpo
¿de dónde habrá venido?
Esta forma que se pega a mis pasos
¿de qué cuerpo salió?

12. *The death of my dog*

As though an arm had died on me
As though my eye had been shut off

13. *All about your nothing*

In the earthquake, the light went.
Your body in the multitude stayed in the dark
Panes of glass plummeted to your door.
And your shoes were left empty.

14. *Construction worker*

Like a creature born of cement
a shadow rises out of the gray dust
and sits down to eat tacos filled with lice,
head bowed, bowed, bowed.

15. *Questions*

This cold that attacks my body,
where could it have come from?
This shape glued to my steps,
what body did it come from?

Esta sombra que pisan los otros
¿quién la ha atado a mis pies?
Esta causa perdida
¿se parece a mí mismo?

16. *Metro*

Aquí donde confluyen los ruidos
de los trenes que llegan y se marchan
hay tanto ruido que sólo se escucha mi silencio
aquí donde confluyen los silencios
de los trenes que nunca han venido
hace tanto silencio que sólo se escucha mi ruido.

17. *Aire*

¿El aire que mueve la puerta
es el mismo que sacude tu pelo?

¿El aire que levanta la arena
es el mismo que te agita la ropa?

¿El aire que te cierra la boca
es el mismo que sacude mi noche?

This shadow others tramp on,
who tied it to my feet?
This lost cause,
does it seem to be me?

16. *Metro*

Here where noises of trains
arriving and departing conflate
there's such noise only my silence is heard
here where the silences of trains
that never came conflate
there's such silence only *my* noise is heard.

17. *Air*

The air pushing at the door, is it
the same that tosses your hair?

The air lifting the sand, is it
the same as flaps at your clothes?

The air closing your mouth, is it
the same as tosses my night?

18. *Cuarteta del huésped indeseable*

¿Quién se sentó a mi mesa?
¿Quién se comió mi sopa?
¿Quién se acostó en mi lecho?
¿Quién se llevó a mi esposa?

19. *Letrero sobre un muro*

Había en un muro un ojo curioso,
disimulado entre las piedras,
y alguien lo tapó con mezcla.

20. *Cuarteta*

Hay tumbas que no caben en el cementerio
fantasmas más largos que el cuerpo
carcajadas que no tienen dientes
y lobos que ninguna loba ha parido.

18.   *Quatrain for an unwanted guest*

Who was sitting at my table?
Who was eating my soup?
Who was sleeping in my bed?
Who ran off with my wife?

19.   *Posted on a wall*

There was a curious eye in a wall
hidden between the stones
and someone plugged it with mortar.

20.   *Quatrain*

There are tombs that won't fit in a cemetery
ghosts longer than their bodies
toothless belly laughs
and wolves no she wolf ever bore.

Ventana

Silencio
en el que hallé
tu nombre escrito

Rostro
que borró la lluvia
sobre un vidrio

Window

Silence
in which I found
your name written

Face
the rain blotted out
on the glass

Mira, María, las hojas del otoño

Mira, María, las hojas del otoño,
las más sencillas no han caído,
mientras a las grandes se las lleva el viento.
Mira, María, el destino de los cuerpos,
los más frágiles andan por la calle,
mientras a los fuertes los clausura el tiempo.
Mira, María, los grandes monumentos
los cagan los pichones,
mientras los pequeños se quedan incólumes.
Mira, María, la fama de mucha gente
está escrita en un papel de baño.

Look, Maria, the autumn leaves

Look, Maria, the autumn leaves,
the smallest haven't fallen
while the wind carries off the largest.
Look, Maria, at the fate of a body,
the most fragile out walking on the street
while time closes in on the hardiest.
Look, Maria, pigeons shit
on the big monuments,
while the small remain unscathed.
Look, Maria, fame for scores of folk
is writ on a sheet of toilet paper.

Mosquito de los aguaceros

Vuelves a mi noche otra vez
mosquito de los aguaceros

Otra vez mi mano ciega
busca tu zumbido en las sombras

Apenas ayer pasabas delante de mi cara
y mis dedos ya te atrapaban

Mi compañera de lecho
me pedía que apagara la luz

y la dejara seguir durmiendo
el sueño inútil de la ambición y el deseo

Vuelves a mi noche otra vez
mosquito de los aguaceros

Mosquito of the heavy rains

You return once more into my night
mosquito of the heavy rains

Once more my blind hand
goes after your buzz in the shadows

Scarcely a day ago you crossed in front of my face
and my fingers almost trapped you

My bed mate had asked me
to switch off the light

and let her sleep
desire and ambition's pointless sleep

You return once more into my night
mosquito of the heavy rains

Yo, el cíclope

Desde la altura inmensa
de mi propio cuerpo
diviso al insecto
paralizado de miedo
entre las ranuras del mosaico
blanco del baño
y con zapato violento
lo aplasto en el piso.
Luego, me lavo las manos.

I, Cyclops

From the immense height
of my own body
I make out the insect
paralyzed with fear
between the grooves of white
tile in the bathroom
and with a violent shoe
I squash it on the floor.
Then, wash my hands.

Un templo que no está en el templo

Un templo que no está en el templo
un templo fuera de su forma
un templo más antiguo que las piedras
un templo que nos habla y no nos nombra
un templo inmóvil que sigue su camino
un templo más rápido que el pensamiento
me refiero al aire
al templo aire

A temple not in the temple

A temple not in the temple
A temple apart from its form
A temple older than the stones
A temple speaking to us but not naming us
A temple without motion that moves on its way
A temple swifter than thought
I refer to air
the temple of air

Credo en poesía

Pensar y Ser son lo mismo.
–Parménides

Creo en la poesía como en el ser
que se encuentra en lo uno y en lo otro

Para mí la poesía es ser
ser es poesía

porque ser y poesía es lo mismo

Poetizar
para ser en la poesía
lo que no se es

Descreer los credos

Ser en poesía

Creed in poetry

To Think and To Be are the same
–Parmenides

I believe in poetry as in being
which is to be found in the one and in the other.

For me poetry is being
being is poetry

because poetry and to be are the same

Poeticizing
in order to be in poetry
that which one is not

Disavow the creeds

To be in poetry

El Lugar

El Lugar está allí toda la vida.
Le damos vueltas al Lugar
como nos damos vueltas a nosotros.
El Lugar no cambia de Lugar,
pero se mueve. En realidad,
mientras dormimos y comemos,
el Lugar avanza con los ojos abiertos,
se encuentra en nosotros,
que ni siquiera nos movimos.
Ya adentro, el Lugar,
que ni siquiera vimos,
se levanta, camina,
se aleja de nosotros.
Todo lo invade el Lugar,
que se convierte en nosotros.
Cuando el Lugar se va,
nos desvanecemos.

México, D.F., 13 de enero de 2004

Place

Place is there life long.
We go round the Place
as we go round ourselves.
Place doesn't change Place,
but it moves. Actually,
while we eat and sleep,
place advances, its eyes open;
it is to be found inside us,
who don't even budge.
Inside now, the Place
we didn't even notice
gets up, goes—
away from us.
Place invades everything,
is turned into us.
Whenever Place goes,
we vanish.

Mexico City, January 13, 2004

La araña hambrienta
del amor profundo

The Hungering Spider
of Deep Love

La araña hambrienta
del amor profundo

La araña hambrienta del amor profundo,
el deseo sin nombre de la flor oscura,
tejieron el miedo de morir en cópula,
arañaron los cuerpos que se amaban.

En la cama negra de brazos pegajosos,
de redes turbias y uñas en la boca,
la araña roja del amor nocturno
desembuchó hilos por su pecho.

Mientras yo deseosamente me enredaba en ella,
colgaba de lianas y de muslos,
su boca se comía a mi boca,
y su cuerpo consumía mi cuerpo.

Fulana es una araña, me decían,
mosca muerta parece, pero es mujer
vividora y en los basureros de la tarde
recoge con afán restos de amor;

con cuatro pares de patas y cuerpo dividido
en cefalotórax y abdomen y veneno invertebrado,
su amor camina por paredes y pisos,
por puentes blandos y telas que te atrapan.

The hungering spider
of deep love

The hungering spider of deep love,
the nameless desire of the dark flower,
wove a fear of dying in coitus,
clawed at the bodies making love.

In the black bed of clammy arms,
murky webs and mouths with nails
the crimson spider of nocturnal love
extruded a thread of silk from its breast.

While I was enmeshed desirously in her
and swung from vines and thighs,
her mouth was eating my mouth,
her body consuming my body.

What's her face is a spider, they told me,
acts like a dead fly, but is one shrewd
woman, she has a knack for picking over
the afternoon's garbage for the remains of love.

With four pairs of legs and body divided
into cephalothorax, abdomen, invertebrate venom,
her love walks the floors and walls, on spongy
bridges and cobwebs to ensnare you.

Jugar al juego de la araña es andar
por el mundo arañando carnes íntimas
con dedos, dientes, artimañas y dagas,
y asir con abrazos el amor abismo.

Partidaria de los sueños compartidos
ella hilaba pequeñas y grandes cantidades
de pieles, patas, alas, cabezas elípticas
y toda materia de que está hecha una mosca.

Ella flexible, irrompible, traicionera,
subía y bajaba las paredes con sus manos pies.
No usaba medias con ligas apretadas
porque le lastimaban las piernas.

Al caer la noche se mecían en columpio viscoso
los cuerpos arañados y los rostros trizados.
Atrás quedaban los rasguños mal dados,
las lianas, los pelos, la arcilla de ladrillos.

No se preocupen, decía yo. A mí no me importan
las babillas que desembucha ella para urdir su tela;
cuando en la negra cama nos juntamos,
en su boca las telarañas me son apetecibles.

Atrapados los dos en ingeniosa urdimbre,
ascendíamos al quinto sol de la alegría,

To play the spider's game is to roam
the world digging into intimate flesh
with fingers, teeth, stratagems and daggers
to clasp abyss-love in an embrace.

Partial to shared dreams,
large and small quantities of skin,
legs, wings, elliptical heads she spun,
and all the matter a fly is made of.

Flexible, treacherous, unbreakable, she
scaled and sloped down walls with feet-hands,
did not use stockings with tight garters
because they hurt her legs.

The graceless scratches, lianas, hairs,
clay of bricks left behind, at nightfall
shredded faces and scratched bodies
swayed in a viscous swing.

Don't you worry, I said. The spittle she dispenses
to ply her web doesn't matter to me
while we mate in the black bed
cobwebs in her mouth appetize me.

The two of us, trapped in the artful warp,
ascended to the fifth sun of happiness,

aunque también bajábamos al Inframundo,
arañando instantes adentro de nosotros.

Arar el mar y arañar paredes
era el oficio de soñar a solas.
Rompí las ligaduras, y escapé.
Yo conocí la muerte y me levanté de ella.

descended, too, to the Underworld,
scrabbling at the instants inside us.

The labor of dreaming solo was
to harrow the walls and furrow the sea.
I cut the traces and I broke free, knew
death and rose up out of her.

Arañas o no arañas

1. *La araña de los libros*

Había una vez una araña muy pequeña que corría
por los libros. Apenas la veía aquí que ya estaba
allá, como si no hubiera tiempo suficiente en la vida
para recorrer tanto volumen cerrado en los libreros,
sobre el escritorio y apilado en el piso. En ese
laberinto de papel, cuyas palabras ciertas estaban
en todas partes y la verdad en ninguna, diariamente
veía a la araña corriendo por las tapas duras como
una pequeña luz patuda. Una noche desapareció.
No sé si aplastada entre las páginas del *Diccionario
crítico etimológico de la lengua castellana* de Joan
Corominas. O porque halló la libertad suprema en la
ignorancia blanca de una pared sin título y anónima.

2. *Araña, ¿quién te arañó?*

Araña, ¿quién te arañó?
Otra araña como yo.
Araña, ¿quién te hizo así?
El amor en que creí.

Spiders or no spiders

1. The book spider

Once upon a time a very small spider used to run over the books. Barely had I seen it here than it was there, as if there weren't enough lifetime to cover that many closed volumes on the bookshelves, on the desk and piled on the floor. In that labyrinth of paper, whose wordy certainties were every place and the truth nowhere, I saw the spider daily, sprinting over the hard backs like a small leggèd light. It disappeared one night. I don't know if crushed between the pages of *A Critical Etymological Dictionary of the Spanish Language* by Joan Corominas. Or because it came across supreme freedom on the white ignorance of an untitled and anonymous wall.

2. Spider, who scratched you?

Spider, who scratched you?
Another spider like me.
Spider, who made you so?
The love I believed in.

3. *Telegrama de Puerto Rico. Final de juego*

Araña erótica
en medio fuga
quedó aplastada
en pared humana.

3. *Telegram from Puerto Rico. Game End*

Erotic spider
in mid-escape
left flattened
on human wall

Génesis

Aquí en este pueblo que no está en los mapas
se hizo la luz en la oscuridad de un cuarto.
Las aguas se separaron de las aguas. El aire
que corría por los montes le infundió aliento vital.

Aquí donde las lumbreras mayores comenzaron
a señorear el día y la noche, los ojos se miraron
en la soledad de un lecho, y su fulgor ignífero
encendió las arterias del ser prefigurado.

Aquí donde el primer instante olió a seno
y manos de mujer, a sábana fresca,
higo maduro y lluvia en la pared,
vislumbré la sonrisa infinita de la luz.

Aquí en Contepec, lugar entre cerros y llanos,
situado a una altura de 2481 metros sobre el nivel
    del mar
los océanos de la tierra nacieron detrás de una
    ventana,
y la ballena, la tortuga y la mariposa volaron bajo un
    techo.

Genesis

Here in this town, not found on any map,
light was made in the darkness of a room.
The waters were divided from the waters. The air
that ran through the mountains blew the breath of
    life in.

Here where the heavenly bodies began to lord it
over the day and the night, the eyes looked at one
    other
in the solitude of the bed, and their igniferous glow
lit the arteries of the being preconceived.

Here, where the first instant smelt of breast
and woman's hands, cool sheet, ripe fig
and rain on the outside wall,
I glimpsed light's infinite smile.

Here in Contepec, place between the hills and the
    plains,
situated at an altitude of 2,481 meters above sea
    level,
behind a window the oceans of the earth were born,
and the whale, turtle and butterfly flew under a roof.

Aquí en los brazos de una mujer pisando quedo,
la palabra fue proferida por primera vez. Las piedras,
los árboles, los seres y las calles tuvieron voz y
   nombre.
El pájaro de la poesía cantó dentro de mí.

Here, in the arms of a woman treading softly,
the word was uttered for the first time. The stones,
the trees, the beings and streets had a name and
    voice.
The bird of poetry sang inside me.

Un poema otoñal de amor

A Betty, en su cumpleaños

Ruede el amor por los campos azules de la tarde
como ruedan en tus ojos los soles cotidianos.
Descienda el amor en cascada de tus brazos
como la lluvia baja las escaleras con rodillas dobladas
para correr blanca y libre por las calles ansiosas y
    ansiadas.
Rueden tus ojos en mis ojos, y en círculos fugaces
de luces y de sombras, de instantes copulados,
bien vividos, más bien desvividos, se abracen y
    desabracen,
hasta que no haya cielo ni luminarias encendidas
ardiendo sobre este laberinto sin puertas ni paredes,
en que te encuentro abierta, tibia, acogedora, mía.

Domingo 29 de agosto de 2004

An autumn love poem

To Betty, on her birthday

Love roll through the blue fields of evening
as everyday suns through your eyes.
Love come cascading from your arms
like rain down the steps on bended knees
to run clear and free in the worried and wished-for
    streets.
Let your eyes roll in my eyes and in fleeting circles
of shadow and light, of coupled moments,
well lived, or better—unlived, let them embrace,
    unembrace
until there is like to be no sky, nor heavenly bodies
ablaze over this door-less, wall-less labyrinth,
in which I find you open, warm, welcoming, mine.

Sunday, August 29, 2004

La muerte chofer

Anochece en la Ciudad del Automóvil.
En el coche de acabados negros
sentada al volante está ella, la malquerida.
Ella, la que me buscaba en los bares
de la madrugada, ella, la alacrana,
que en los camastros se dejaba
las gafas de sol y los zapatos puestos.
Siempre lista para partir.
Lleva las manos enguantadas de blanco
y una cobija sobre las piernas flacas.
Tiene frío.
Desde sus órbitas negras nos mira desde adentro
como si tú, yo, la puerta, la lluvia, todo, todos,
nos halláramos en ninguna parte.
Sobre el asiento
cae la arena.
Mientras la puerta giratoria de un hotel de lujo
avienta a la calle a una cantante de moda,
cuya fama está escrita en un rollo de papel higiénico.
La alumbran los reflectores del momento.
La lluvia,
la admiradora más escurridiza del mundo,
la envuelve.
Entra al coche.

Driver death

It grows night in Auto Town
In the car with black trim,
perched at the steering wheel she is: the un-
    cherished.
She, who hunted me up in the small-hours-
of-the-morning bars, the she-scorpion,
who kept her sunglasses and shoes on
in the makeshift beds. Always ready
to hit the road. She has her hands gloved
in white and a rug over her scrawny legs.
She feels cold.
Stares out at us from inside her black sockets
as if the door, the rain, all, everyone, you, I
were not even there.
Sand sifts down
over the seat.
While the revolving door of a luxury hotel
slings out a singer who's the in-thing
whose fame is writ on a roll of toilet paper.
The spot lights of the moment light her up.
The rain,
the slipperiest admirer
on earth, swirls around her.
She gets in the car.

"Ah, ¿dónde está el chofer?" pregunta ella.

"Aquí estoy", alguien responde.

La muerte arranca.

"Like ah, where's the driver?" she asks
Someone answers, "Here I am." Death
puts the pedal to the metal.

1. La gata blanca de las madrugadas

A Cloe, a Eva y a una gata llamada Benita

Sola en la soledad de la sala,
la gata blanca de las madrugadas
me buscaba entre los muebles
enfundados en telas verdes.
Sus ojos acostumbrados a medir
las formas inmensurables de la noche,
exploraban los rincones de la casa
como si hubiese allí nadie, nada.

"¿Adónde se habrá ido aquel que conocía mi
    nombre?
¿Adónde estará aquel que dormía a mi lado?
¿Quién me abrirá las puertas cerradas de la
    madrugada,
para dormir en cama el sueño frío nuestro de cada
    mañana?",
parecía decirse ella parada en lo alto de la escalera,
recordándome siempre, con su cara que cabía en
    una mano,
que Dios creó al gato para que el hombre
tuviera el placer de acariciar al tigre.

1. The white cat of early morning

To Chloe, Eva and a cat called Benita

Alone in the solitude of the living room
the white cat of the first light
sought me out among the pieces of furniture
slip-covered in green cloth.
Her eyes, used to sizing up the immensurable
shapes of the night, explored
the corners in the house as if no one,
nothing were there.

"Where has that one, who knew my name, gone?
Where has that one, who slept beside me, got to?
Who will open the closed door of daybreak for me,
to let me sleep our cold daily morning sleep in bed?"
she appeared to say to herself standing at the top of
    the stair,
reminding me, always, with her face that would fit
    into a hand,
that God created a cat so man might have
the pleasure of stroking the tiger.

Nadie ya le da a beber el agua de las sombras.
Ninguna mano la levanta en el largo día desocupado.
Abandonada un anochecer a nuestra puerta
en una caja de zapatos, una niña la recogió.
Desde entonces, mirándonos con ojos insondables,
desobedientes, desdeñosas, y hasta ingratos,
teniéndola cerca permaneció distante,
creyéndola nuestra, nunca la conocimos.

No longer does anyone give her the water of
    shadows to drink.
No hand lifts her in the long nothing-to-do day.
Left abandoned, one nightfall, in a shoebox
on our doorstep, a little girl took her in.
Since then, looking at us with unfathomable,
disobedient, disdainful, almost ungrateful eyes,
holding her near she held herself distant,
believing her ours, we never did know her.

2. La gata habla

No se culpe a nadie de lo que me pasa.
Hay cosas que no dependen de nosotros,
como partir, morir y perderse en la calle.
Lo único que reprocho es que hayan pasado
los días y no hayan vuelto. Desde luego,
la ausencia de nadie es voluntaria.
Mas debieran pensar que desde el momento que se
    fueron
no he despegado los ojos de la puerta cerrada.
A ese plato vacío ya nadie le pone agua.
En el ropero abierto cuelgan los trapos solos.
De esa cama tendida persona se levanta.
Con tanta ventana hermética todo parece fétido.
No hay nada peor para una mascota
que quedarse encerrada entre cuatro paredes
con las luces apagadas y el teléfono descompuesto.
Los maullidos de niño se convierten en gritos.
Los ronroneos de afecto en saltos desesperados.
Los periódicos viejos son desgarrados;
los brazos del sillón, rasguñados.
Realmente me siento ofendida por tanta soledad,
por tanto silencio indeseado.
Y nadie para morder, para arañar. Nadie de quien
    escapar.

2. The cat talks

I don't blame a soul for what happens to me.
There are things that aren't up to us
like leaving, dying, getting lost in the street.
My sole reproach is that the days went by
and they didn't come back. Of course,
nobody's absence is intentional.
Besides they should have known that from the
    moment they left
I wouldn't take my eyes off that closed door.
Nobody puts water in this empty saucer any more.
In the open wardrobe the clothes hang alone.
Nobody gets up from the bed that is made.
With so many airtight windows everything feels
    dank.
There's nothing worse for a pet
than to stay shut up between four walls
with the lights and the telephone out.
The childish meowing switches to screeches.
Affectionate purrs to a desperate leaping.
Old newspapers get ripped to pieces,
the arms on the couch, shredded.
Really, I'm offended by so much loneliness,
by so much unasked-for silence.
Nobody to scratch or bite. Nobody to get away from.

El objeto que cae del techo cae de un cielo vacío.
La puerta que empuja el aire recuerda la mano vaga
de un amo que se fue.

6 de noviembre de 2004

The thing falling from the ceiling drops from an
    empty sky.
The door the wind pushes at recalls the vague hand
of an owner who went away.

November 6, 2004

Balada de los amigos idos

A los poetas de la generación Beat,
a Cloe y a Eva Sofía,
y a la memoria poética de François Villon

Dime, María, en qué casa de cambio,
asilo de viejos, oficina de vendedores
de seguros, prisión o barco ballenero,
están aquellos locos lúcidos,
que vestidos de ropas de colores,
descalzos o con sandalias baratas,
en los años sesenta recorrían las calles
buscando amaneceres de diamante.

Dónde están Bárbara o Mercedes,
Joanne o Juanita, Erika o Lucille,
aquellas damas de los tiempos idos
que venían a comer de madrugada
en los Caldos de la Tía Jesús los hongos
alucinantes de María Sabina. O, semidesnudas,
se sentaban a fumar mota o a beber mezcal
delante del Ángel de la Independencia.

La hermosa Berenice que cantaba en los antros
de Acuario la canción de los seres perdidos,

Ballad of friends now gone

*To the poets of the Beat Generation,
to Chloe and Eva Sophia, and to the
poetic memory of François Villon*

Maria, tell me in what money changer's,
old age home, insurance salesmen's
office, jail or whaling ship,
those lucid lunatics are,
who, barefoot or in cheap sandals,
prowled the streets in the sixties,
dressed in Technicolor clothes,
in quest of diamond dawns.

Where are Barbara or Mercedes,
Joanne or Juanita, Erika or Lucille,
those ladies of times past
who came in the early mornings to eat María
    Sabina's
magic mushrooms at Aunt Jesus' Soup Stop. Or sat
half-naked smoking dope or drinking mescal
in front of The Angel of Independence.

Good-looking Berenice, who sang the song of lost
    souls
in the dives of Aquarius,

en qué mesa arrumbada se ha quedado.
Y Cirabel, la sibila de El Gato Rojo,
sacerdotisa de los éxtasis cotidianos, amante
de aquel joven melenudo de San Francisco,
condecorando con las siete corcholatas del
    antihéroe,
en qué hotel de mala nota se habrá dormido.

Donde está Juan, quien después de leer sus poemas
a siete sanfranciscanos en el Café de Moshe
    Rosenberg,
frente a la Alameda de la Locura Central, se fue con
    ellos
a Televicentro, desde cuya torre orinaron sobre una
    muchedumbre
de reporteros oficiales la orina amarga del
    desencanto
y la manipulación. Luego Juan ataría a su amante
    austriaca
a la cama del desamor. Detenido, gritaría a los
    policías:
"Arrestarme a mí, que soy el poeta más grande del
    mundo."

at what forgotten table was she left,
and Cirabel, the sibyl at The Red Cat,
priestess of the daily ecstasies—lover
of that young long-haired lad from San Francisco,
decorated with the seven bottle caps of the
    antihero—
in what seedy hotel did she crash?

Where is Juan, who after reading his poems
to seven San Franciscans in Moshe Rosenberg's
    café,
across from the Alameda Central Park of Madness,
    went
with them to *Televicentro*, from whose tower they
    pissed down on
a mob of official reporters the bitter piss of
    manipulation
and disenchantment. Then Juan would tie his
    Austrian lover
to a loveless bed. Taken into custody,
he screeched at the police, "You're arresting *me*,
the greatest poet in the world."

Dime dónde están Bruce, aquel artista de los pies
    descalzos
que hacía rompecabezas con los espejos que rompía
en hoteles de una noche, y recogía en las banquetas
cajetillas vacías de Delicados como si fueran
    imágenes del Buda.
Y Howard, que un día en el parque vio a la Virgen.
Eso fue todo, pero se arruinó. Después se iría con la
    sonrisa fija
a recorrer las ciudades del hombre. No a la velocidad
    de las llantas,
sino de las manos que dibujan en el aire la forma de
    la alucinación.

Dónde está Carlos Coffeen, aquel dibujante de toros
    negros
que llevaban la muerte en el vientre, borrachín y sin
    papeles,
huía de los policías, a los que en el Bosque de
    Chapultepec
Horacio retaba a un duelo de palabras, ¿habitó un
    día el ataúd
que había trazado con tinta china en su mesa de
    hambriento?
Y Horacio, Modigliani enloquecido por monólogos
    imparables,

Tell me where is Bruce, that artist in his bare feet,
who made jigsaw puzzles of mirrors he broke
in fleabag hotels, and who picked empty packs
of *Delicados* out of the gutters, as if they were
    pictures of Buddha.
And Howard, who one day saw the Virgin in the
    park.
That was all, but it ruined him. Afterwards, he would
    go
with a fixed smile to wheel through the cities of men.
Not at the speed of tires, but of hands that scrawl on
    the air
the face of hallucination.

Where's Carlos Coffeen, sketcher of black bulls,
that bore death in their bellies; illegal alien,
    drunkard,
he fled the police—those Horacio challenged
to a word duel in Chapultepec Park—
did he ever move into the coffin he had drawn
in India ink on his hungry man's table?

Horacio, a Modigliani maddened by unstoppable
    monologues

que se robaba en las librerías las Obras Maestras de
la Imaginación Alucinante,
¿regaló su rostro a una Dulcinea de ocasión?

Dónde quedó el poeta que gritaba desde la calle el
nombre
de su amada y el marido colérico, desde el quinto
piso le decía
que se fuera a buscar el amor al manicomio de la
Castañeda.
Un día, buscando dinero en las banquetas, cansado
de andar,
fumar y comer en fondas con la espalda al tráfico, se
sentó en una acera
de Insurgentes, mientras a su lado pasaban las
multitudes huérfanas
hacia la estación de Buenavista. ¡Cuántos muertos
vivos vio desfilar,
ufanos en sus pantalones y zapatos, ignorantes de su
cara calavera!

Dónde están los hermanos y hermanas
de la Congregación de la Flor Amarilla, que con
bandas
de arcoíris sobre la frente buscaban lo beatífico,

who thieved Masterworks of a Hallucinating
	Imagination from bookstores,
did he bestow his face on some secondhand
	Dulcinea?

Where's he gone to, the poet who shouted his
	lover's name
in the street, and from up on the fifth floor the irate
	husband told him
she should go look for love in the Castañeda
	nuthouse.
One day, searching for money on the sidewalk,
	weary of the walking, smoking
and eating at cheap restaurants with his back to the
	traffic, he sat down
on a piece of pavement along Insurgentes Avenue
	while the motherless multitude
passed, headed for Buenavista station. How many
	living dead
did he see file by, puffed up in their pants and shoes,
	unaware
of their skull face!

Where are the brothers and sisters
of the Yellow Flower Congregation, who sought
the beatific in their rainbow headbands,

pero sólo hallaron a los policías de Migración.
Philip, deportado, dejó atrás fotos de frente y de
    perfil,
huellas digitales y libros de poesía. A nosotros los
    rebeldes
de entonces sólo nos queda la lucha por la
    Naturaleza.
Dime, María, dónde están los soles de antaño.

but only met up with the policemen from
  Immigration.
Deported, Philip, left behind front and side shots
of himself, fingerprints and books of poetry. For us
rebels of back then only the fight for nature is left.
Tell me, Maria, where are the suns of yesteryear.